J. CHAMPCOMMUNAL

LE
CONFLIT DES LOIS PERSONNELLES

Extrait de la *Revue de droit international privé et de droit pénal international*, 1909, 1910.

LIBRAIRIE

DE LA SOCIÉTÉ DU

RECUEIL SIREY

22, *rue Soufflot, PARIS, 5° arrond.*

L. LAROSE & L. TENIN, Directeurs

1911

LE
CONFLIT DES LOIS PERSONNELLES

IMPRIMERIE
CONTANT–LAGUERRE

BAR-LE-DUC

J. CHAMPCOMMUNAL

LE
CONFLIT DES LOIS PERSONNELLES

Extrait de la *Revue de droit international privé et de droit pénal international*, 1909, 1910.

LIBRAIRIE

DE LA SOCIÉTÉ DU

RECUEIL SIREY

22, rue Soufflot, PARIS, 5ᵉ arrond.

L. LAROSE & L. TENIN, Directeurs

1911

DU MÊME AUTEUR

Étude sur la succession ab intestat en droit international privé, Paris, Rousseau, 1892 .... 10 fr.

Étude sur la lettre de change en droit international privé (Extrait des *Annales de droit commerciale*), Paris, Rousseau, 1895. 3 fr.

Étude critique de législation comparée sur la tentative (Extrait de la *Revue critique*), Paris, Pichon, 1895 .... 2 fr.

Examen critique et comparé du projet de réforme du Code pénal français (Extrait du *Journal des Parquets*), Paris, Rousseau ..... 2 fr.

Étude sur la donation et le testament en droit international privé (Extrait de la *Revue critique*), Paris, Pichon, 1896 .... 2 fr.

La condition juridique des enfants naturels dans les nouvelles législations de la Suisse, de la Principauté de Monaco et de la Belgique (Extrait du *Bulletin de la législation de la société comparée*), Paris, Librairie générale de droit et jurisprudence (Pichon et Durand-Auzias), 1910 .... 2 fr. 50.

La sucesion ab intestato en derecho internacional privado (traduction du Dr Alejo García Góngora; notes relatives aux États américains du Dr Alejo García Moreno), Madrid, *La España moderna* .... 10 pesetas

La réforme de l'instruction préparatoire en France (Extrait de la *Revue pénale suisse*), Genève.

La riforma dell' instruttoria in Francia (Extrait de la *Rivista penale*), Rome.

Le problème des Cours d'assises en France (Extrait de la *Rivista penale*), Rome, 1910.

LE

CONFLIT DES LOIS PERSONNELLES

Il n'est pas en droit international privé de principe plus certain que la personnalité des lois d'état, qu'elles concernent les nationaux ou les étrangers. La controverse ne porte que sur la détermination de cette personnalité. En France, et dans la plupart des pays de l'Europe continentale, le principe de la nationalité a remporté une victoire définitive ; mais son adversaire traditionnel, le principe du domicile, règne sur l'Amérique presque entière. Sans poursuivre l'analyse de l'évolution sociale, qui oppose en un curieux conflit deux mondes l'un à l'autre, notre étude se limite à un ensemble de questions, délicates et complexes, qui provoquent un embarras extrême [1]. Il peut arriver, en effet, que la relation d'état existe entre parties réclamant chacune à juste titre le bénéfice d'un statut distinct. Dans ce concours de législations rivales, à laquelle convient-il de donner la préférence? Par exemple, c'est un mari, c'est un père, qui prétend exercer à l'encontre de sa femme ou de son fils des pouvoirs qui diffèrent selon les Codes respectifs. Un procès de filiation, légitime, naturelle ou adoptive, met aux prises parents et enfants ne relevant pas d'une même nationalité, ou d'un même domicile, suivant le point de vue accepté. Et tout le régime légal des personnes, si étendu et si divers, est à examiner sous ce nouvel aspect [2].

---

(1) Lorsque, par simplification, nous suivons l'hypothèse de la nationalité, conformément au système français, la même solution lui correspond dans l'hypothèse du domicile.

(2) Ce genre de conflits est spécial aux questions d'état; en matière de

De prime abord, la difficulté ressort nettement ; elle provient de ce qu'un rapport de droit unique et indivisible met en conflit plusieurs lois égales entre elles. Aucune ne prétend, comme dans les cas ordinaires, l'emporter à un titre qui lui soit spécial. Pour ne citer qu'un exemple pris parmi les plus importants, la dévolution de la succession immobilière oppose à la loi de la situation des biens la loi du *de cujus*. Un choix devient nécessaire. C'est la nature de l'hérédité qui le dicte. Concerne-t-elle directement l'organisation foncière? N'intéresse-t-elle pas d'une manière plus étroite la condition de la famille? La discussion porte sur deux ordres d'idées contradictoires. Ici, rien de semblable. Les lois hostiles se présentent, au même titre et en vertu du même raisonnement, comme lois personnelles des intéressés. Aucune issue juridique, aucune solution rationnelle ne semblent possibles, et peut-être faut-il attribuer à cette considération le peu d'efforts tentés en vue d'une généralisation, la tendance manifeste aux solutions d'espèce. En raison de cette pratique, il nous a paru intéressant, après avoir étudié les précédents, de rechercher le principe général, qui pourrait permettre de sortir logiquement de cette impasse légale, et d'en vérifier l'exactitude en l'appliquant aux diverses institutions, qui constituent le droit de la famille.

Cette étude ne se recommande pas de sa seule importance pratique, elle présente une réelle valeur théorique. Au début, les efforts de la doctrine tendent à dégager les règles primordiales. Mais les règles établies entrent à leur tour en conflit : c'est la seconde phase de la science. Ainsi, l'application des lois personnelles aux étrangers n'a triomphé qu'à la suite d'une très lente évolution ; et cette conquête, à peine réalisée, provoque, entre elles, de nouvelles compétitions. D'où la nécessité d'un classement, auquel, à l'origine, on n'avait pas songé.

I. — Principe général.

Comme il paraissait n'exister en cas d'antinomie des lois personnelles aucune raison de donner la préférence à l'une d'elles sur les autres, la première pensée fut de permettre au tribunal

capacité, rien ne s'oppose à l'application simultanée des lois personnelles respectives.

valablement saisi d'appliquer, en quelque sorte comme raison
écrite, la loi au nom de laquelle il rend la justice [1]. Proposée
à raison de quelques espèces particulières, cette solution ren-
contra un adepte résolu qui s'efforça de l'étendre, et prétendit
l'ériger au nombre des règles de synthèse juridique qu'il réu-
nissait pour combattre les tendances de l'école moderne. M. de
Vareilles-Sommières, dont l'allure batailleuse et la verve entraînante ne laissèrent pas de rappeler la façon de d'Argentré, dis-
tinguait deux cas [2]. Le rapport juridique met-il en conflit une
loi étrangère avec la loi française? Alors aucun doute ne semble
possible. « Il n'est pas admissible que notre législation puisse
condescendre envers les lois étrangères jusqu'à leur soumettre
des Français. Il leur fait déjà une concession très large en les autorisant à suivre leurs sujets en France : ce serait une inconce-
vable générosité que de leur permettre d'y prendre possession de
nos nationaux eux-mêmes. La courtoisie à ce degré changerait
de nom; elle deviendrait un manque de dignité ». Le rapport
juridique met-il en conflit deux lois étrangères? C'est encore la
loi française dont il convient de suivre les prescriptions. « Le
seul parti qui ne soit pas arbitraire est d'appliquer la loi française
qui est la loi normale pour tout ce qui se passe sur le sol français... Elle a autant de chance de convenir tant bien que mal à
la situation, et elle, du moins, encore une fois, a un titre incon-
testable : elle est chez elle ».

La tendance trop prononcée, que manifeste la jurisprudence
française à appliquer la loi française, de préférence à toute autre,
la rapproche parfois de cette conception. Plusieurs décisions
importantes de la Cour de cassation sont à cet égard tout à fait
caractéristiques. Il est utile de les analyser, d'abord pour saisir
sur le vif les défauts d'un semblable procédé d'interprétation,
en outre parce que l'autorité, qui s'attache aux arrêts de cette
haute juridiction, a déterminé le sentiment des autres juges, ainsi
que nous le verrons au cours de cette étude à propos des applications particulières, et d'une question d'espèce est sortie une
solution de principe. Toute valeur de généralisation doit cependant être déniée aux solutions dont il s'agit, et le problème de-

---

(1) V. Demangeat, *Histoire de la condition des étrangers*, p. 361.
(2) De Vareilles-Sommières, *La synthèse du droit international privé*, t. II,
p. 153-157.

meure entier, puisque le débat n'a pas été porté sur son véritable
terrain.

Appelée à statuer sur les conséquences d'un mariage célébré
en France entre un Anglais et une Française, la Cour de
cassation n'hésita pas à proclamer la légitimation de l'enfant
né des conjoints en France avant leur union[1]. Sa décision, qui
donne préférence à la loi française, est toute de sentiment. Si
la loi étrangère doit être écartée, c'est qu'elle risque, d'après
l'arrêt, de porter atteinte à de respectables intérêts : « La
bonne foi de la mère serait trompée, aussi bien que les espé-
rances qu'en consentant au mariage elle avait placées dans
les lois de son pays, tant pour elle-même que pour ses enfants,
lesquels, nés en France, pourront, malgré la reconnaissance du
père dans l'acte de mariage, réclamer à leur majorité, d'après
l'article 9 du Code civil, la qualité de Français ». Cette démonstration, il est vrai, ne satisfait pas pleinement la Cour
suprême ; aussi fait-elle appel au caractère d'ordre public,
qu'elle attribue à la légitimation « d'après son objet et ses
résultats qui sont de réparer une faute commise contre l'ordre
social· ». Mais elle se garde de préciser, se bornant, par une
assimilation hasardeuse, à déclarer que la légitimation par mariage subséquent est en France, comme le mariage lui-même,
d'ordre public : exagération qui rend la thèse insoutenable, la
loi étrangère ayant, en cette matière, un champ d'application
unanimement reconnu.

D'autres espèces, également déférées à la Cour de cassation,
exposent des situations analogues. — En 1870, un Autrichien
épousait une Française dont il eut une fille. Avant la majorité
de cette enfant, il mourut en Algérie, où il demeurait avec sa
femme, qui recouvra la nationalité française, et réclama la
tutelle légale. Les formalités furent remplies, le conseil de famille
réuni. Mais quand on voulut lever les scellés, on se heurta à
l'opposition du consul autrichien : il contestait à la mère sa
qualité de tutrice en se fondant sur le Code civil d'Autriche,
qui, en pareille circonstance, désigne le grand-père paternel.
De là procès. La Cour de cassation donna gain de cause à la
mère [2] ; mais sans prendre parti, sans décider si la loi de

---

(1) Cass., 23 novembre 1857, S. 58. 1. 293, D. 57. 1. 423.
(2) Cass., 13 janv. 1873, S. 73. 1. 13, D. 73. 1. 297.

la mère était préférable à celle de l'enfant, en se bornant à déclarer « que la loi autrichienne ne peut prévaloir en France contre la loi française au préjudice des droits et intérêts français, dont les tribunaux doivent avant tout assurer la conservation ». — Quelques années plus tard, la question se représentait à propos d'une mère française, qui réclamait sur les biens de ses enfants demeurés étrangers l'usufruit légal, inconnu de leur loi personnelle. En vertu des mêmes motifs, la même solution fut reproduite [1].

A peine est-il besoin d'une réfutation pour écarter ces solutions, qui esquivent le conflit au lieu de le résoudre. Si le juge, sous prétexte d'obscurité de la loi, ne peut refuser de statuer, il n'est pas mieux fondé à appliquer arbitrairement sa propre loi sous prétexte d'embarras du choix entre des législations concurrentes. Un jugement, ou un arrêt, doit se déterminer par une raison juridique, non par une considération matérielle. D'autre part, si chaque peuple a le droit d'être fier de sa législation, c'est excéder quelque peu les limites de la vanité nationale que de prétendre l'élever au rang de raison écrite. Quant à l'ordre public, jamais il n'en fut fait plus regrettable abus. Sans doute, en cette matière, comme en toute autre, la loi étrangère peut être tenue en échec, sur un point particulier, par la loi territoriale, au nom de ces hautes considérations de morale ou de sauvegarde sociale, que font valoir toutes les souverainetés, en vertu de cet ordre public absolu, ou international selon une terminologie commode, qui s'étend aux étrangers comme aux nationaux; mais rien ne serait aussi dérisoire que de prétendre en faire une application générale, car il n'est guère de règles auxquelles il soit plus sage de réserver un prudent emploi.

La préférence reconnue à la loi du juge ne pourrait se justifier qu'avec le système de M. de Vareilles-Sommières; mais c'est, du vœu même de son auteur, la négation de la doctrine moderne. Si le droit international privé n'avait d'autre fondement que la courtoisie, aucune considération juridique ne pourrait imposer la reconnaissance de la loi étrangère. Les tribunaux n'appliqueraient dans certains cas le droit des autres pays qu'en vertu de concessions bénévoles inspirées par l'intérêt bien entendu, dans l'espoir d'un traitement réciproque en faveur des nationaux à l'étranger.

____

(1) Cass., 14 mars 1877, S. 78. 1. 125, D. 77. 1. 385.

Considère-t-on, au contraire, que les États, malgré la plénitude de leur indépendance, se trouvent soumis à la domination inéluctable de la justice, et qu'en vertu de ce principe supérieur ils sont tenus d'accepter sur leur territoire l'extension de la loi étrangère, quand elle est imposée par la nature du rapport de droit? La question change d'aspect, et le juge ne doit trouver l'élément de sa décision que dans l'analyse rationnelle du conflit, sans pouvoir écouter ses préférences en faveur de sa loi nationale ou de ses compatriotes.

Le conflit paraissant irréductible, M. Pillet propose de faire prévaloir les solutions qui, à défaut de base rationnelle, se recommandent au moins de considérations d'équité, de convenance, voire même de courtoisie [1]. Ce n'est d'ailleurs qu'au pis aller : lorsque les dispositions des lois personnelles, sans pouvoir s'appliquer concurremment, sont assez semblables pour pouvoir se cumuler, la meilleure solution du conflit est dans la soumission des deux parties à loi la plus restrictive de leur liberté.

Ce système est assurément très supérieur aux interventions abusives de la *lex fori* et de l'ordre public. Mais il part de l'idée que toute théorie est impossible, et cette décision ne nous semble nullement certaine; quant au concours simultané des deux lois, nous aurons, dans le domaine des applications, à en apprécier les résultats, et à en discuter le mérite.

Lorsqu'on prend en considération la nationalité pour déterminer le statut personnel, il semble qu'on devrait chercher dans le domicile des intéressés un correctif souvent utile. N'est-ce pas l'occasion de faire appel au rôle supplétif, qui lui est déjà reconnu en cas de double nationalité ou de nationalité inexistante [2]? Voici, par exemple, un mari et une femme qui s'opposent leurs lois personnelles : la loi du pays où ils habitent n'est-elle pas compétente pour les départager?

Malgré son caractère séduisant, cette solution doit être écartée. Elle masque un expédient, qui ne deviendrait acceptable qu'en présence d'une impossibilité certaine, ce qui reste à dé-

---

(1) Pillet, *Essai d'un système général de solution des conflits de lois, J. dr. int. pr.*, 1895, p. 509

(2) V. Trib. civ. Seine, 29 novembre 1904, cette *Revue*, 1905, p. 671. Application aux rapports respectifs des époux, à la demande en séparation de corps. — Rapp. Alger, 13 décembre 1897 (motifs), D. 1901. 2. 77. Comp. *J. dr. int. pr., Question* 149, 1906, p. 354.

montrer. Si l'on prenait pour base le domicile, il conviendrait d'ailleurs de recourir à la nationalité, qui peut être commune, comme règle secondaire, et il en résulterait ainsi un chassé-croisé assez curieux.

Une des parties au conflit peut n'avoir pas de nationalité. Le statut, dans ce cas, se déterminant par le domicile, il semble rationnel d'opposer la loi de ce domicile à la loi nationale de l'adversaire. Bien que cette décision s'annonce comme une résultante forcée des principes, elle ne nous paraît pas la meilleure. Ce qui caractérise le problème, ce qui en crée la difficulté spéciale, c'est que les lois concurrentes sont égales. Chacune d'elles est qualifiée pour régir le rapport de droit dans son ensemble; seulement elle rencontre une autre loi qui, au même titre, a même compétence. Or l'*heimathlos* se trouve dans l'impossibilité de montrer une loi nationale. Le heurt redouté ne se produit plus. Il n'existe aucun concours de législations rivales. La seule loi nationale qui se manifeste doit recevoir une application intégrale. L'élément du domicile, qu'on pourrait être tenté d'invoquer, n'a d'autre mission que de suppléer tant bien que mal, à l'égard de l'individu, l'élément inconnu de patrie, mais ne peut en produire tous les effets : il n'a pas droit à la même énergie.

Pour les mêmes motifs, la même solution convient au cas où l'un des intéressés, au lieu d'être sans patrie, se trouve investi d'une double nationalité. Ne pouvant préciser sa loi nationale, il demeure incapable de s'opposer à l'extension de l'autre loi nationale invoquée contre lui.

Lorsque les législations personnelles entrent en conflit, les auteurs, qui cherchent à établir parmi elles une sélection raisonnée, paraissent d'accord pour donner la préférence à la législation personnelle de la partie dont l'intérêt est le plus directement mis en cause; toute la difficulté se ramène donc, dans chaque situation, à déterminer le rôle préférable, par suite prépondérant.

Un semblable critérium est séduisant, généreux, et c'est, sans nul doute, à ce caractère qu'il doit d'être aussi facilement accepté, presque à l'instar d'un axiome. Entre plusieurs personnes, ayant les mêmes droits, les mêmes prétentions, n'est-il pas équitable, n'est-il pas rationnel, de réserver une marque de faveur à celle dont le sort va se décider ?

Ce n'est pas que les objections, ni les difficultés pratiques, se trouvent écartées : loin de là ; et le problème est plutôt déplacé que résolu. Rien n'est aussi délicat, en effet, que de discerner l'intérêt supérieur au milieu des apparences contradictoires ou de la diversité des situations, et les auteurs, une fois d'accord sur le principe, bataillent à l'envi sur les conditions de sa mise en œuvre. Dans les relations des conjoints, est-ce le mari ou la femme dont la qualité est primordiale? Entre les parents et les enfants, quel droit l'emporte? L'adoptant est-il plus favorable que l'adopté? Celui qui demande des aliments mérite-t-il plus de bienveillance que celui qui les refuse? — Il y a mieux : la même situation ne comporte pas dans toute son étendue la même appréciation, et tel doit triompher sur un point qui sur un autre ne serait pas en si heureuse posture. — Autant d'incertitudes, autant de controverses, dont aucun élément ne donne, avec certitude, la solution précise.

L'acceptation de ce critérium semble procéder d'une confusion. Ce n'est pas précisément l'intérêt le plus directement mis en cause, qu'il s'agit de considérer, mais le but poursuivi par la loi quand elle édicte les dispositions qui donnent lieu au conflit. La distinction est quelque peu subtile, et veut être bien établie, car les conséquences qui en résultent sont fort différentes. Par exemple, s'agit-il des rapports entre époux? Il est inutile d'établir le parallèle de leurs mérites réciproques. Un seul fait importe : la volonté du législateur. S'il est reconnu qu'il s'est préoccupé, avant tout, du sort réservé à la femme, c'est la loi de la femme qui doit être suivie. Mais, si l'on constate qu'il a fait du mari le centre de ses dispositions, c'est alors la loi du mari qui s'impose. Et le même raisonnement doit s'étendre à toutes les institutions. A la place d'un motif sentimental, on suit, ainsi, une raison juridique. L'élément décisif ne résulte pas d'une préférence intime de l'interprète ou du juge, de l'engouement des contemporains pour une idée, d'un courant d'impressions sujet à toutes les fluctuations de l'opinion : la solution du conflit se dégage de l'ordre immobile d'une règle objective. La certitude augmente ; les difficultés d'application sont atténuées : le débat se limite à l'étude des textes, à la recherche de leur esprit, d'après les travaux préparatoires et les précédents historiques.

Le principe général, qui doit servir de critérium, consiste donc à dégager le caractère de la relation juridique, qui suscite le litige. La règle de droit international se déduit, ici, par voie directe de la règle de droit interne. En nulle autre matière, il n'existe une liaison si étroite entre ces deux règles. Il peut paraître singulier que le juge prétende déterminer la solution du conflit à l'aide de son propre droit, lorsque la même recherche à l'aide du droit étranger donnerait un autre résultat. Mais cette contradiction n'est qu'apparente. Lorsqu'il s'agit de compléter une disposition législative insuffisante, le développement doit s'en effectuer en conformité de l'esprit, qui a présidé à sa conception; c'est par analogie de l'article 3 § 3 du Code civil qu'on reconnaît à l'état des étrangers le bénéfice de l'exterritorialité; c'est en tenant compte des caractères du droit national qu'il faut tenter de mettre fin à l'antagonisme des statuts personnels. En ce cas, et quelle que soit la théorie générale préférée, la qualification des rapports ne saurait dépendre que de la *lex fori*; car l'opération ne se limite plus à un classement des rapports en vue de reconnaître le principe applicable à leur égard; elle concerne l'établissement du principe lui-même. Entre pays différents, des divergences sont donc possibles. Le correctif pratique provient de ce que la plupart des législations, malgré des contradictions flagrantes et des diversités infinies, sont de plus en plus inspirées par les mêmes pensées directrices, et tendent au même but.

Le principe établi, suivons-le dans son application aux diverses institutions, qui forment le droit des personnes, en comparant ses résultats avec ceux que donnerait le critérium de l'intérêt. Le parallèle, qui en résultera, constituera, de notre point de vue, ou la meilleure justification, ou la plus juste critique.

II. — Le mariage et le divorce.

La capacité respective des époux se détermine au moment du mariage; elle s'apprécie pour chacun d'eux d'après son droit personnel[1]. Les deux statuts, en présence mais non en concurrence, sont encore pleinement indépendants l'un de l'autre; la situation rappelle le concours des règles de capacité, qui s'appliquent distributivement aux divers contractants.

---

(1) Convention de La Haye du 12 juin 1902 relative au mariage, art. 1ᵉʳ. Cf. Sicoré, *J. dr. int. pr.*, 1907, p. 1012.

La nullité du mariage étant la conséquence de l'inobserva-
tion d'un texte de loi, c'est au texte violé qu'il appartient de
déterminer la nature et les conditions de cette nullité [1]. Chaque
statut comporte ainsi son application indépendante. La sanction
de la loi ne peut être séparée de la loi elle-même.

La véritable difficulté apparaît après la célébration du
mariage, lorsque le rapport devient unique. A quelle loi soumettre ce rapport entre les conjoints invoquant des lois personnelles
différentes? La discussion peut s'élever, soit au cours du
mariage à propos d'un droit invoqué ou méconnu, soit au moment de la demande en divorce ou en séparation de corps. Les
deux hypothèses sont à examiner successivement.

Entre les époux, le débat est très vif. En faveur de la femme
milite cette considération importante qu'elle a droit à protection,
et qu'il appartient à la loi personnelle du protégé de déterminer
les mesures de garantie [2]. Le mari, de son côté, fait valoir qu'il
est chef de l'association, et se recommande de la suprématie de
son rôle [3]. Après bien des discussions, c'est sa thèse qui semble
prévaloir [4]. Elle cadre très exactement avec le principe directeur
que nous avons adopté. Si, au lieu de restreindre le problème à
la personnalité des conjoints, on envisage en elles-mêmes les règles législatives, on s'aperçoit vite qu'elles font toutes de la pré-
pondérance maritale la pierre angulaire de leur système. Le Code
civil fédéral suisse (art. 162 et s.), quoique fortement imprégné de

____

(1) La commission chargée par la Conférence de La Haye, en 1894, de préparer
un règlement concernant le mariage n'avait pas manqué de relever cette corréla-
tion. Voy. Lainé, *J. dr. int. pr.*, 1895, p. 496. — Comp. Institut de droit international, règlement de Lausanne (*Annuaire de l'Institut*, t. X, p. 75). Loi suédoise du 8 juillet 1904, ch. II, art. I-II. — V. Projet complémentaire du Conseil
fédéral suisse du 3 mars 1905 contenant le titre final, art. 1749.

(2) Surville et Arthuys, *Cours dr. intern. pr.*, 5e éd., n° 296, p. 359; Audinet,
Principes dr. int. pr., 2° éd., n° 550, p. 439 ; n° 554, p. 443.

(3) Weiss, *Traité dr. int. pr.*, t. III, p. 516 ; Despagnet-de Boeck, *Précis dr.
int. pr.*, n° 257, p. 750; Albéric Rolin, *Principes dr. int. pr.*, t. II, n° 586,
p. 98; Esperson, *J. dr. int. pr*, 1880, p. 439.

(4) Institut droit international, règlement de Lausanne, art. 10-11 ; Conférence de La Haye de 1894, projet concernant les effets du mariage sur l'état de la
femme et des enfants, art. 1-2. Cette disposition n'a pas été reprise dans la
convention de 1905. — C. civ. japonais, art. 14. — La même solution paraît
résulter des art. 14-15 cbn. de la loi d'introduction du Code civil allemand. Voy.
les intéressants développements de M. Léon Lyon-Caen, *La femme mariée allemande*, 1903, p. 273 et suiv.

féminisme, prend bien soin encore de lui attribuer en principe la direction de cette entité juridique qu'il imagine sous le nom d'union conjugale (*eheliche Gemeinschaft*). Partout, puissante ou affaiblie, la même tendance se retrouve, et doit toujours décider du conflit.

C'est pour l'incapacité de la femme mariée que la controverse atteint le maximum d'intensité [1]. Avec le critérium de l'intérêt, toute solution s'obscurcit. Même dans le domaine interne de chaque législation, il n'est guère facile d'en produire le motif réel. Ainsi, en France, la prétendue infériorité naturelle de l'épouse, la traditionnelle *fragilitas sexus*, ne suffit pas plus à en rendre compte que la suprématie maritale. En maintenant cette institution quelque peu surannée, les rédacteurs du Code civil paraissent avoir obéi à des idées assez confuses et surtout fort complexes : pour assurer le respect des prérogatives du mari, ils ont jugé bon de tenir à sa disposition une arme, qui leur paraissait constituer en même temps, et à titre accessoire, une mesure de protection en faveur de la femme.

Le statut personnel du mari est ainsi appelé à former la charte de l'association conjugale pour tous les rapports personnels, sous la seule restriction de l'ordre public international. Le droit applicable se fixe au jour du mariage, et doit demeurer à l'abri des changements de nationalité, auxquels la femme ne s'associerait pas, ou au moins qu'elle n'accepterait pas. On ne peut que se féliciter de voir cette formule de probité juridique inscrite dans la Convention de La Haye du 17 juillet 1905 (art. 9, al. 2) concernant les effets du mariage sur les droits et les devoirs des époux dans leurs rapports personnels.

Si la loi du mari doit être préférée, il ne faut pas moins revenir à l'application respective des deux lois dans les cas où elle devient possible. Ainsi, entre époux, certaines prohibitions concernant les donations, les ventes et les autres contrats sont d'ordre assez général. La validité de semblables actes suppose que chaque époux est capable d'y figurer aux termes de sa législation personnelle. Un Italien ne pourra consentir une vente à sa femme française, bien que le Code civil de son pays se soit gardé de reproduire notre article 1595. En sens inverse, une donation irrévoca-

____

(1) V. Missir, cette *Revue*, 1906, p. 64, — Rapp. Loi fédérale suisse du 25 juin 1891, art. 4 et 7 al. 1 cbn.

ble ne pourrait intervenir entre eux, puisque le droit français
s'y oppose [1].

Le conflit, qui peut apparaître au cours du mariage, se manifeste forcément avec la demande en séparation de corps ou en
divorce. Toutes les fois qu'il s'agit d'une action de ce genre entre
époux de nationalités différentes, on a coutume de supposer qu'ils
ont eu, ou qu'ils ont acquis, au moment de leur union, une
même patrie, et que l'un d'eux est ultérieurement devenu sujet
d'un autre État [2]. Mais, le nouveau facteur, qui intervient,
transforme les termes du problème. Pas plus lors de la dissolu-
tion qu'au cours du mariage, il n'est au pouvoir de cet époux
d'invoquer des relations arbitrairement modifiées. Malgré sa
naturalisation, l'ancienne loi commune doit conserver son
empire exclusif [3]. Cette solution, qui fut si discutée [4], a trouvé
place dans la Convention de La Haye du 12 juin 1902 (art. 8),
relative à la séparation de corps et au divorce [5].

Si l'espèce précédente est de beaucoup la plus fréquente,
l'instance en séparation de corps ou en divorce peut aussi s'in-
troduire entre époux qui ont toujours eu un statut personnel
différent, la femme n'ayant pu emprunter la nationalité du
mari. Alors la collision s'élève très nette entre les deux lois; il
faut que l'une cède la place à l'autre. Ce ne serait pas les satis-
faire, mais les violer toutes deux, que de dire : l'époux, dont
la loi n'admet pas le divorce, ne pourra pas le demander, et son
conjoint en aura la facilité [6]. La première loi ne décide pas seu-

____

(1) Voy. notre *Etude sur la donation et le testament en droit international
privé, Revue critique*, 1896, p. 314.

(2) Telle est l'hypothèse toujours prévue par la Convention de La Haye, les
lois des États contractants attribuant à la femme la nationalité du mari. — Sur
les cas exceptionnels, qui peuvent se présenter, voy. Travers, *La Convention de La
Haye relative à la séparation de corps et au divorce*, n° 7, p. 14.

(3) Loi suédoise, ch. V, art 2. *Contrà*, C. civ. allemand, Loi d'introduction,
art. 17, § 1 (loi du mari au moment de l'introduction de l'instance). V. Cour appel
Stuttgard, 31 mars 1905, cette *Revue*, 1908, p. 264. — Pour l'Autriche-Hongrie
sur la question des mariages transylvaniens, voy. Lyon-Caen, *J. dr. int. pr.*, 1880,
p. 268. Comp. Trib. suprême Autriche, 5 juillet 1904, *eod. loc.*, 1906, p. 1188. —
Le Code civil japonais, article 16, adoptant un moyen terme assez original applique
la loi du mari au moment de la survenance du fait, qui *cause le divorce*.

(4) Voy. Perroud, *J. dr. int. pr.*, 1905, p. 301.

(5) Comp. Trib. civ. Seine, 4 mars 1908, cette *Revue*, 1908, p. 473; Trib. civ.
Nice, 31 mars 1910, cette *Revue, infrà*.

(6) Trib. civ. Seine, 13 décembre 1898, *J. dr. int. pr.*, 1902, p. 578. Appli-

lement que ses sujets sont exclus de cette action, mais bien que
leur mariage est indissoluble ; la seconde ne décide pas seulement que ses sujets ont la facilité du divorce, mais bien que le
mariage lui-même est dissoluble. Il serait d'ailleurs inique que
l'un des époux se trouvât désarmé, à la merci de l'autre.

Lorsque les législations sont d'accord sur le caractère fonda-
mental du mariage, on pourrait être tenté de soutenir que les
causes de divorce, comme les causes de séparation de corps, doivent être reconnues à la fois par la loi de la femme et par celle
du mari. Mais cette application cumulative, qui ne laisse jamais
à une loi son étendue normale, est d'un effet singulièrement
restrictif, si l'on songe que, suivant une opinion répandue et acceptée par la Convention de La Haye, il faut encore tenir compte
des prescriptions de la loi territoriale. Un semblable résultat
ne serait acceptable qu'en raison d'une impossibilité absolue, ce
qui n'est pas le cas. Le régime en vigueur pendant la durée du
mariage est, en effet, tout aussi qualifié pour présider à sa disso-
lution. C'est à la loi personnelle du mari qu'il convient encore
de recourir pour décider de la recevabilité et des conditions du
divorce ou de la séparation de corps [1].

III. — La filiation.

Filiation légitime. — Il est peu de problèmes juridiques, qui
aient soulevé plus vive controverse que la recherche du droit
applicable au rapport de filiation légitime, lorsque les parties re-
lèvent de lois personnelles différentes. C'est aussi un des cas où
les partisans du critérium de l'intérêt se rejettent l'argument
avec une extrême facilité. En France [2], l'opinion fort en faveur
se plaît à donner la préférence à la loi de l'enfant [3] : n'est-il

cation de l'article 310 du Code civil à une Française qui, en épousant un Chilien,
aurait conservé sa nationalité d'origine d'après la loi du Chili. Rappr. Trib. suprême du Brésil, 26 janvier 1907, cette *Revue*, 1909, p. 639.

(1) Loi suédoise, ch. V, art. 2 (solution expresse). — Comp. Albéric Rolin,
t. II, n° 591.

(2) Dans l'ancien droit on suivait la coutume du domicile du mari. Voy.
un passage très net de Bouhier, *Obs. sur la coutume de Bourgogne*, ch. XXIV,
n° 122, t. I, p. 481.

(3) Weiss, t. IV, p. 25; Despagnet-de Boeck, n° 270, p. 827; Audinet,
n° 571, p. 423; Durand, *Essai dr. int. pr.*, p. 340; Laurent, *Dr. intern.*, t. V,
p. 515.

pas plus directement mis en cause? Sa condition même ne dépend-elle de la solution du litige? Ces arguments sont certes excellents; mais on réplique avec autant de force que personne ne saurait être tenu de subir une parenté contraire à son propre statut. Et cette considération, qui a rallié de très nombreux suffrages [1], détermine diverses législations étrangères à suivre la loi des parents [2].

S'il fallait prendre parti entre ces deux opinions en vertu des motifs invoqués, notre embarras serait extrême. La théorie, que nous avons développée, nous permet d'éluder cette pénible nécessité [3]. Sans remettre en parallèle l'intérêt des parents avec l'intérêt de l'enfant, il suffit de rechercher la conception du législateur relative aux questions d'état. Le rapport, dont il s'agit, dépend de ce fait qu'un enfant a été conçu, ou bien est né pendant le mariage. Il appartient donc à la loi sous l'empire de laquelle se trouve placé ce mariage de déterminer les droits de tous ceux qui s'en prévalent.

Un raisonnement d'ordre plus général conduit à la même conclusion. Quiconque prétend participer à l'état d'une autre personne doit plaider sous l'empire du droit de cette personne. Entre les deux états, il s'établit une hiérarchie, un lien de dépendance, qui subordonne l'un à l'autre. On peut, il est vrai, formuler une objection. Si cette règle se justifie, quand l'enfant cherche à faire reconnaître une qualité dont il ne jouit pas, elle laisse en dehors de ses prévisions les actions en désaveu et en contestation de légitimité. Lorsque l'enfant se borne à défendre sa condition, n'est-il pas illogique de lui appliquer la loi de

---

(1) Surville et Arthuys, 5ᵉ éd., n° 305, p. 371; Duguit, *Conflits de législ.*, p. 93 et *J. dr. int. pr.*, 1885, p. 359; Albéric Rolin, t. II, n° 613, p. 137; Brocher, *Cours dr. int. pr.* t. I, p. 316; Asser et Rivier, *Eléments dr. int. pr.*, p. 124; Fiore, *Dr. int. pr.* (trad. Antoine), n° 705, p. 238 ; de Bar, *Theorie und Praxis des internationalen Privatrechts*, t. I, n° 192, p. 534. — En ce sens : Cass. Florence, 1ᵉʳ décembre 1884, S. 85. 4. 13; Gênes, 14 décembre 1891, *Monitore dei Tribunali*, 1892, p. 171.

(2) Loi fédérale suisse, art. 8. — C. civ. allemand, loi d'introduction, art. 18. Bien que la règle ne soit édictée qu'à l'égard des nationaux, elle doit s'étendre aux étrangers : Kammergericht de Berlin, 2 février 1901, *J. dr. int. pr.*, 1902, p. 863. — C. civ. japonais, art. 17.

(3) C'est avec le critérium de l'intérêt que nous avions donné la préférence, non sans grandes hésitations, à la loi de l'enfant. V. *Revue critique*, 1898, p. 30.

l'homme, qui prétend, ou qu'on prétend, lui être étranger?
Mais la contradiction n'est qu'apparente. Dans certains cas, le
législateur établit bien en faveur de l'enfant une présomption,
qui a pour but de changer le rôle des parties dans le procès;
mais son existence même dépend de la règle du conflit.

La loi du père, considérée comme loi régulatrice du mariage,
aura donc toujours qualité pour organiser les actions en récla-
mation ou en contestation d'état comme pour désigner les personnes devant y figurer, pour fixer les délais et déterminer les
preuves; à elle aussi reviendra le soin de préciser les causes
et les conditions du désaveu, le tout sous la réserve prudente
que l'ordre public du pays dans lequel le procès est suivi, ou
bien le droit invoqué, ne sera pas troublé.

Pas plus que le mari, le père ne saurait modifier la loi applicable en devenant citoyen d'un nouvel État. Mais, si pour le premier la date où sa qualité se fixe ne risque de prêter à aucune
équivoque, il n'en est plus ainsi à l'égard du père, qui peut
changer de nationalité entre la conception et la naissance. Le
choix entre ces deux époques a paru à juste titre fort embarrassant, et dépend de l'extension qu'il convient de reconnaître, en
dehors des cas expressément réglés (art. 725, 906, C. civ.), à
l'adage traditionnel : *Infans conceptus pro nato habetur quoties de
commodis ejus agitur* [1]. Ainsi, un Français est naturalisé Autrichien pendant la grossesse de sa femme, et l'enfant vient au
monde juste 180 jours après le mariage. D'après le Code autrichien
(art. 138), il peut être désavoué, la présomption de paternité ne
s'étendant qu'aux naissances survenues dans le septième mois
depuis la célébration nuptiale; si la loi française doit être suivie,
la légitimité s'impose.

En ce qui concerne l'enfant posthume, nul doute ne paraît
possible. La loi personnelle du mari gouverne toutes les conséquences de l'union conjugale, même lorsque la mort a mis fin à
cette union [2].

Filiation naturelle. — Comme en matière de filiation légitime
les conflits relatifs à la filiation naturelle reproduisent la même
compétition entre la loi de l'enfant et la loi de ses parents; mais

---

(1) En faveur de l'extension, Surville et Arthuys, 5ᵉ éd., nᵒ 305, p. 371.
Contrà, de Lapradelle, *Nationalité d'origine*, p. 183 et s.

(2) C. civ. japonais, art. 17.

la situation est profondément modifiée. Aucun lien légal n'unissant plus la mère au père, trois lois, au lieu de deux, peuvent entrer en concurrence.

Il est un point certain. L'établissement du rapport de paternité est complètement indépendant de l'établissement du rapport de maternité. En cas de nationalités différentes, chaque législation conserve son empire exclusif. Ainsi la valeur, que la loi du père peut attacher à la déclaration faite par lui du nom de la mère, ne saurait être invoquée contre cette dernière, si sa loi en décide autrement [1].

Le statut de l'enfant s'oppose à celui de chacun de ses parents en un conflit infiniment plus grave. De prime abord, il semblerait rationnel d'étendre à la filiation naturelle les règles de la filiation légitime, dont elle constitue en quelque sorte une image affaiblie [2]. Chaque opinion reproduirait ainsi ses conclusions [3]. La préférence donnée à la loi de l'enfant au nom de son intérêt primordial se justifierait aussi facilement, cet intérêt se manifestant avec encore plus de force dans les naissances irrégulières. Les motifs, qui ont inspiré notre choix en faveur de la loi du père, se prêtent à la même extension. Si l'argument du mariage disparaît, il est toujours exact de prétendre que personne ne saurait être tenu d'accepter une paternité ou une maternité contraire à son statut personnel, et que l'enfant, en demandant à participer à un état, qui n'est pas encore le sien, doit établir sa prétention d'après la loi qui en assure la garantie.

Ce parallélisme entre les deux filiations au point de vue de la solution du conflit rencontre en doctrine une vive opposition fondée sur la conception même du Code civil relative à la parenté illégitime : au lieu de résulter de la naissance, elle suppose, en effet, au moins en principe, un acte de volonté. La reconnaissance, qui met en présence deux parties, a paru ne pouvoir s'opérer que si ces parties sont capables selon leurs lois person-

(1) Trib. civ. Bruxelles, 26 juin 1906, *Belgique judiciaire*, 1906, p. 1031. Rapp. Cass.-crim., 31 janvier 1902, S. 1903. 1. 27.

(2) En ce sens, Code civil allemand, loi d'introduction, art. 19 et 20; C. civ. japonais, art. 20. — L'article 8 de la loi fédérale suisse applique la loi du père à la « filiation, légitime ou illégitime, la reconnaissance volontaire ou l'adjudication des enfants naturels ». Le projet du Conseil fédéral dispose (art. 1761, al. 2) : « L'enfant ne suit la condition du père que si la loi de l'un et de l'autre le permet ». V. *Message fédéral*, p. 53.

(3) V. autorités citées ci-après.

nelles, l'une de reconnaître, l'autre d'être reconnue[1]. Il deviendrait donc indispensable de tenir compte en même temps de la loi de l'enfant et de la loi du père. « Lorsque ces deux lois auront été obéies, écrit M. Weiss [2], mais à cette condition seulement, la reconnaissance sera parfaite. Il en est de même, est-il besoin de le rappeler, du mariage qui unit deux personnes de nationalité différente. Bien que ce mariage constitue un rapport de droit unique et indivisible, il n'existe et n'est susceptible de produire ses effets qu'autant que chacun des deux époux qui l'ont contracté est en règle avec sa législation personnelle, au point de vue de la capacité ».

Avant d'aborder le fond du débat, il est à considérer que l'application cumulative des deux lois en collision présente le très gros inconvénient de raréfier la possibilité de la reconnaissance. Lorsque plusieurs lois doivent être obéies, il y a bien des chances pour que l'une refuse ce que l'autre permet; de là, des entraves à l'évolution moderne, qui tend à faciliter la réparation des fautes. La mesure de protection se retourne contre le protégé. Cette conséquence matérielle, qui devrait, en cas de doute, peser de tout son poids dans la balance des arguments, ne suffirait pourtant pas à déterminer la règle de droit, si des considérations juridiques ne venaient à son appui.

Le rapport dont résulte la filiation est unique, qu'on le considère à l'égard du père et de la mère, ou à l'égard de l'enfant ; il ne peut par conséquent dépendre de lois différentes. La comparaison déduite du mariage, qui intervient entre deux personnes n'ayant pas la même nationalité, est plus spécieuse que concluante. Le mariage crée un rapport juridique nouveau, et naturellement chaque partie doit agir dans la plénitude de sa capacité comme pour tous les contrats. En cas de reconnaissance, le rapport existe par le seul fait de la naissance de l'enfant; la constatation légale de la filiation a seulement pour effet de convertir le lien naturel en lien juridique.

(1) Il ne peut être fait état de la nationalité résultant de la reconnaissance contestée. Pillet, *Dissertation*, S. et P. 99. 1. 178 ; Weiss, t. IV, p. 43. — *Contrà*, Trib. Bruxelles, 31 décembre 1907, cette *Revue*, *infrà*, *Belgique*.

(2) Weiss, t. IV, p. 44. — Conf. Bartin, *Dissertation*, note, D. 99. 1. 329. Rapp. Pillet, *Dissertation*, S. et P. 99. 1. 178 ; Albéric Rolin, n° 616, p. 143. Comp. Despagnet et de Boeck, 5e éd., n° 271, p. 328 ; Audinet, n° 630. — Voy. p. 16, note 2.

Cᴴ

2

Lorsque la validité d'une reconnaissance se pose, il convient de ne pas confondre deux ordres d'idées voisins mais très distincts : — 1° la reconnaissance est-elle possible, et à quelle loi appartient-il de le dire? — 2° si la reconnaissance est possible, les parties en cause ont-elles la capacité requise pour y procéder, et quelles sont les lois appelées à mesurer cette capacité?

Le premier point dépend de la loi qui régit le rapport de filiation. Le concept de la reconnaissance peut s'envisager sous deux aspects différents [1]. On peut considérer la reconnaissance comme un mode de preuve, comme un aveu. On peut la considérer également comme une sorte d'admission librement prononcée, comme l'introduction volontaire de l'enfant dans la famille. Mais les deux raisonnements conduisent au même résultat au point de vue du droit international privé. Le lien légal résulte toujours d'une manifestation de volonté unilatérale. C'est l'œuvre d'un unique auteur, réalisée dans les limites impératives de son statut personnel, dont l'intervention est seule qualifiée.

Selon les cas, il appartient donc à la loi personnelle du père ou de la mère, à l'exclusion de la loi de l'enfant, de décider des conditions et de la validité de la reconnaissance [2]. Lorsqu'il est permis de l'attaquer, cette même loi détermine le sort des contestations dont elle peut faire l'objet, désignant aussi les personnes autorisées à intervenir, et spécifiant l'intérêt moral ou pécuniaire qui doit inspirer leur action [3].

Le second point comporte une solution différente. La capacité des parties, qui figurent à la reconnaissance, ne peut être

(1) Comp. Ambroise Colin, *Revue trimestrielle droit civil,* 1902, p. 273.

(2) Surville, *Revue critique,* 1908, p. 81; Duguit, p. 96; Fiore, t. II, n° 723, p. 259; Asser et Rivier, p. 126. Comme jurisprudence, voy. Trib. civ. Lesparre, 18 mai 1876 et Bordeaux, 27 août 1877, S. 79. 2. 105; Trib. civ. Seine, 15 décembre 1892, *J. dr. int. pr.,* 1893, p. 160; Paris, 26 février 1896, *eod. loc.,* 1897, p. 337; Paris, 6 janvier 1898, *eod. loc.,* 1898, p. 1108 et Trib. civ. Seine, 22 mars 1898, *eod. loc.,* 1898, p. 1067; Trib. civ. Seine, 22 mars 1898 et Paris, 3 août 1898, *eod. loc.,* 1898, p. 1067; Trib. civ. Seine, 16 janvier 1907, cette *Revue,* 1907, p. 167; Cour d'appel d'Athènes, 1893, n° 1063 et 1896, n° 445, *J. dr. int pr.,* 1894, p. 592 et 1897, p. 621. — En faveur de la loi de l'enfant, Audinet, n° 630; Durand, p. 340; Laurent, t. V, p. 523. Trib. suprême fédéral de Rio-de-Janeiro, 29 août 1900, *O Direito,* 1901, p. 547 et *J. dr. int. pr.,* 1903, p. 195; Cour d'appel de Bucarest, 14 février 1901, *eod. loc.,* 1902, p. 178.

(3) V. Rouen, 25 mars 1903 et Req. (motifs), 9 janvier 1906, cette *Revue,* 1907, p. 160.

appréciée qu'en consultant leurs lois respectives. Ainsi, un Maltais mineur, un Néerlandais qui n'a pas atteint sa dix-neuvième année, ne peuvent valablement se déclarer pères d'un enfant naturel français, même en France, puisque le droit de leurs pays leur dénie le discernement suffisant pour apprécier l'importance d'un pareil acte. En sens inverse, un Français de même condition sera fondé à reconnaître dans ces pays un de leurs sujets, le Code civil français ne faisant pas un obstacle de l'âge du père. Le même traitement s'applique à la capacité de l'enfant. En France, il joue un rôle passif : la reconnaissance a lieu à son insu, sans que sa volonté, ou celle des personnes appelées à la suppléer, ait à intervenir. Partout, la même attitude lui sera imposée. Mais l'enfant naturel étranger peut trouver dans sa législation une règle, qui lui permet, ou qui permet à ses représentants légaux, de refuser ou de retarder la reconnaissance. Il sera toujours fondé à exciper à l'égard de son père français de ces sages garanties, que lui confère son statut personnel.

En vertu de ce raisonnement, on pourrait être tenté de déclarer impossible toute reconnaissance, lorsque le droit étranger, dont relève l'enfant, passe sous silence les modes de constatation légale de la filiation naturelle. Ce serait, à notre avis, une exagération. La législation, qui exclut la preuve de la parenté en dehors du mariage, ne déclare pas l'enfant incapable d'être reconnu, ainsi qu'on se plaît à dire ; elle enlève simplement au père ou à la mère la faculté de révéler leur qualité. L'enfant se trouve frappé, mais indirectement. Si un moyen lui est offert d'échapper à cette rigueur, si un étranger conformément à son statut personnel avoue sa paternité, rien ne s'oppose à ce qu'il se prévale de cette déclaration. Et ce qui donne à cette démonstration toute sa force, c'est que, loin d'être imaginée pour les besoins de la cause, elle résulte du sentiment de l'État le plus directement intéressé, de la pratique suivie par l'Angleterre[1], qui presque seule aujourd'hui s'obstine au maintien de cette prohibition traditionnelle moins par conviction que par amour-propre national.

A défaut de reconnaissance volontaire, il peut y avoir lieu,

(1) Phillimore, *Commentaries upon international law*, t. IV, § 381 ; Alexander, *J. dr. int. pr.*, 1879, p. 524 ; Dicey et Stocquart, *Le statut personnel anglais*, t. I, p. 420. Conf. aff. Doglioni c. Crispin (*Law reports*) 1 H. L. 301, et les autres décisions citées à propos de la légitimation.

sous des conditions plus ou moins restrictives selon les pays, à la recherche judiciaire de la maternité, et même de la paternité dans la mesure où l'ordre public international le permet. Une confusion est cependant à éviter à l'égard de cette dernière demande. Lorsque l'action dirigée contre le père intéresse l'état de l'enfant, lorsqu'elle vise la création d'un rapport de famille, si restreint soit-il, l'assimilation se justifie. Mais lorsque cette action n'a d'autre objet qu'une indemnité pécuniaire, ou que l'entretien de l'enfant, elle prend, nous le verrons, un caractère délictueux ou alimentaire, qui la soumet à des règles différentes.

Le procès place de nouveau en parallèle la loi de l'enfant avec celle de son auteur. Comme en matière de reconnaissance, et par analogie, M. Weiss ne conclut au succès de l'instance que si les deux lois en autorisent l'exercice; d'après le savant professeur, il s'agit toujours d'une « question de capacité » [1]. Il peut paraître surprenant d'étendre à un litige des règles admises pour un acte de volonté. Mais le droit français, dont le juge doit s'inspirer, justifie ce rapprochement. La poursuite intentée devant les tribunaux même contre la mère apparaît comme une exception au principe de la reconnaissance volontaire, et le langage du Code lui-même traduit cette conception en disant qu'il y a reconnaissance-forcée. Chaque opinion est donc fondée à maintenir sur ce nouveau terrain ses positions respectives. Les partisans de la loi de l'enfant peuvent lui attribuer une compétence aussi autorisée [2]. En vertu des motifs qui ont déjà déterminé notre sentiment, nous appliquerons dans son intégralité la loi du père ou de la mère [3], et la solution, s'il en était besoin, prendrait une nouvelle force de leur qualité de défendeurs. C'est donc cette loi qui décidera de la possibilité de la demande,

---

(1) Weiss, t. IV, p. 52. — Rappr. Juge de droit de Belem, 27 juillet 1894, *J. dr. int. pr.*, 1896, p. 204; Trib. civ. Seine, 19 juillet 1895, *eod. loc.*, 1897, p. 337; Trib. civ. Tunis, 27 décembre 1897, *eod. loc.*, 1898, p. 358. — Conf. projet du Conseil fédéral suisse, art. 1761, al. 3.

(2) Voy. auteurs précités.

(3) Chausse, *Revue critique*, 1889, p. 247; Surville et Arthuys, 5e éd., n° 306, p. 372 et auteurs précités. — V. décisions précitées et notes suivantes. Rapp. Gênes, 14 décembre 1891, *Monitore dei tribunali*, 1892, p. 171; Trib. de l'Empire allemand, 23 février 1892 et 10 juin 1895, *J. dr. int. pr.*, 1893, p. 602 et 1897, p. 590; Trib. suprême Brésil, 8 février 1896, *eod. loc.*, p. 1080; Trib. rég. sup. Carlsruhe, 26 juin 1900, *eod. loc.*, 1902, p. 147. — Conf. C. civ. allemand, art. 20; L. féd. suisse, art. 8.

et qui en déterminera les conditions. Le système des preuves, concernant le fond du droit dont il demeure inséparable, suivra le même sort.

C'est au moment de l'accouchement que se forme le rapport légal dont la preuve est débattue [1] ; un changement de nationalité ne saurait exercer aucune influence sur un droit qui a été acquis par le seul fait de la naissance. Ce qui est vrai des actions de paternité et de maternité, l'est aussi de la reconnaissance volontaire [2]. Cet acte, loin de créer la filiation, ne fait que révéler une situation préexistante ; d'où son caractère de rétroactivité, qui assure à la condition juridique une prudente stabilité [3]. Il serait d'ailleurs étrange de montrer plus de faveur au règlement judiciaire qu'à la manifestation de volonté. Mais le motif, qui justifie la règle, en donne aussi la mesure. Si la loi en vigueur au moment de la reconnaissance est plus favorable que l'ancienne, rien ne s'oppose, à notre avis, à ce que l'enfant soit appelé à en bénéficier [4].

Légitimation par mariage subséquent. — La légitimation de l'enfant naturel soulève des difficultés aussi sérieuses que la constatation de son origine. Comme pour la reconnaissance, le cumul des lois en conflit retrouve une habile défense [5]. La question de savoir si la légitimation découle ou non du mariage se ramènerait toujours à une question de capacité, et devrait être appréciée au regard de la loi de chacune des parties ; ce n'est que dans le cas où la loi des parents et celle de l'enfant s'accorderaient pour l'admettre que la légitimation devrait avoir lieu. Nous avons déjà combattu cette théorie, quelque séduisante qu'elle paraisse ; un nouveau débat serait donc superflu. Mais il

_____

(1) Paris, 2 août 1866, S. 66. 2. 342, D. 67. 2. 41 ; Cass., 25 mai 1868, S. 68. 1. 365; Trib. civ. Seine, 26 juillet 1894, *J. dr. int. pr.*, 1894, p. 1007; Rouen, 5 juillet 1906, *eod. loc.*, 1907, p. 382 ; Cass. Rome, 23 mars 1887, *La Legge*, I, p. 651; Cass. Turin, 7 juillet 1887, *Monitore dei Tribunali*, 1887, p. 947.

(2) V. Surville, *Revue critique*, 1908, p. 81. — *Contrà*, Weiss, t. IV, p. 45.

(3) Trib. civ. Tunis, 10 décembre 1894, *J. dr. int. pr.*, 1895, p. 822; Trib. civ. Seine, 16 janvier 1907, cette *Revue*, 1907, p. 167.

(4) Comp. Paris, 25 mai 1852, S. 52. 2. 289; Trib. civ. Seine, 30 mai 1879 (solution implicite), *J. dr. int. pr.*, 1879, p. 391.

(5) Weiss, t. IV, p. 83; Despagnet-de Boeck, 5ᵉ éd., n° 277, p. 838; Audinet, n° 265, p. 508. — Conf. C. civ. japonais, art. 19. — Projet du Conseil fédéral suisse, art. 1759.

existe en cette matière un motif spécial d'écarter la loi de l'enfant. La légitimation résulte du mariage, dont elle constitue un effet immédiat[1]. En prenant sa cause, et en recevant sa justification, elle ne peut échapper à cette force d'attraction, et en toute hypothèse, qu'il s'agisse de sa possibilité, de ses conditions ou de ses effets, elle se trouve soumise à l'empire de la même loi en vertu du lien le plus étroit. Cette règle, qui se dégage de la nature de l'institution, est conforme à l'enseignement traditionnel: un certain nombre des anciens statutaires s'étaient préoccupés de la difficulté, et étaient tombés d'accord pour la résoudre en ce sens [2]. Dans les cas où elle ne fait pas un appel abusif à l'ordre public [3], la jurisprudence décide de même [4]; tel est aussi le sentiment qui domine dans la doctrine moderne [5], et qui a fait l'objet des manifestations les plus importantes de l'opinion juridique [6].

Les raisons, qui justifient la compétence de la loi du mariage, donnent aussi par voie de conséquence nécessaire la solution de deux points accessoires.

En cas de nationalités différentes des époux, c'est la loi personnelle du mari qui doit être consultée [7], puisqu'elle forme la

(1) Dans son avant-projet de Code civil (art. 340), Laurent décrétait la légitimation, si l'un des époux était Belge; à son avis, aucune loi ne s'imposant de préférence à une autre, il appartenait au législateur de décider d'autorité en faveur de la solution qui lui paraissait la meilleure, t. II, p. 159. Comp. Laurent, *Dr. intern.*, t. V, p. 577.

(2) Bouhier, *Obs. sur coutume Bourgogne*, ch. XXIV, n° 123; Boullenois, *Tr. pers. et réalité*, tit. I, ch. II, obs. IV, t. I, p. 51; Froland, *Mémoires*, ch. V, § 4; Jean Voët, *Comment. ad Pand.*, lib. I, tit. IV, n° 7; Hertius, *De collisione legum*, t. I, § 4.

(3) Cass., 23 novembre 1857. A la suite, voy. notamment Bourges, 26 mai 1858, S. 58. 2. 532, D. 58. 2. 178; Paris, 23 mars 1888, S. 88. 2. 131, D. 89. 2. 97.

(4) Orléans, 17 mai 1856, S. 56. 2. 625; Trib. civ. Lesparre, 18 mai 1876 et Bordeaux, 27 août 1877, S. 79. 2. 105, D. 78. 2. 193; Trib. civ. Bruxelles, 2 mars 1887, *Pand. fr. pér.*, 87. 5. 55; Bruxelles, 24 décembre 1887, D. 89. 2. 117, et la dissertation de M. de Bœck.

(5) Surville et Arthuys, 5ᵉ éd., n° 313, p. 380; Duguit, *J. dr. int. pr.*, 1886, p. 514; Bartin, *Etudes dr. int. pr.*, p. 206; Asser et Rivier, p. 125; Fiore, n° 750, p. 294; de Bar, t. I, n° 194. — Conf. C. civ. allemand, loi d'introduction, art. 22.

(6) Institut droit international, session de Lausanne, 1888, *Ann.*, t. X, p. 75. — Conférence de La Haye, 1893-1894, *b*) Effets du mariage sur l'état de la femme et des enfants, art. 1ᵉʳ.

(7) Weiss, t. IV, p. 85; Surville et Arthuys, 5ᵉ éd., n° 313, p. 380; Laurent, t. V, p. 577; Albéric Rolin, t. II, n° 622, p. 151; Asser et Rivier, p. 125. — Conf. Trib.

charte de l'union conjugale. La femme ne peut se plaindre ; en se mariant, elle se soumet à toutes les conséquences, bonnes ou mauvaises, que comporte la législation sous l'empire de laquelle se trouve placé le sort de la nouvelle famille.

L'acte de mariage remplissant pour la filiation légitimée le rôle de l'acte de naissance pour la filiation légitime, c'est au moment où il se réalise qu'il importe de déterminer la loi compétente [1]. Cette décision se fortifie de deux arguments : l'un, toujours invoqué, repose sur le caractère de la légitimation qui ne produit ses effets que dans l'avenir ; l'autre, à notre avis, se déduit de ce que la légitimation ne résulte pas de la loi du père seul, mais bien de la loi du père devenue commune aux deux époux, ou au moins tacitement acceptée par la femme.

Réfractaire au mouvement social, qui conduit les autres États à la pratique la plus large de la légitimation, l'Angleterre demeure rigide observatrice de l'antique coutume, qui la proscrivait. Mais ses magistrats savent faire de cette prohibition ancestrale un usage aussi prudent que modéré. Après avoir établi que la révélation de la parenté naturelle de la part des étrangers n'est pas contraire à l'ordre public (*public policy*), ils ont jugé à maintes reprises que rien ne s'oppose aux effets de la légitimation valablement acquise [2], et cette solution est d'autant plus importante qu'elle s'applique aux conflits de lois avec les divers territoires de l'Empire britannique, qui pratiquent le régime des peuples du continent. Comme, d'après le système suivi dans les pays anglo-saxons, c'est le domicile qui détermine le statut personnel, il convient de prendre en seule considération le droit en vigueur au domicile du père [3]. A l'origine, la jurisprudence

civ. Lesparre, 18 mai 1876 et Bordeaux, 27 août 1877, précités. Mais voy. Cass., 23 novembre 1857.

(1) Weiss, t. IV, p. 86 ; Surville et Arthuys, 5ᵉ éd., nᵒ 313, p. 380 ; Duguit, *loc. cit.*, p. 513 ; de Bar, t. I, nᵒ 192-193. *Contrà*, Merlin, *Questions de droit*, vᵒ *Légitimation*, § 1 ; Brocher, t. I, p. 315 ; Schaeffner, *Entwicklung des internationalen Privatrechts*, p. 53.

(2) Il n'y a d'exception que pour la succession aux biens immobiliers, exagération (critiquée même par certains magistrats anglais) du principe de la territorialité. Aff. Birtwbistle c. Vardill, *Clarke and Finnely's reports*, t. II, p. 571-577. Sur ce point, voy. notre *Etude sur la succession ab intestat en dr. int. pr.* p. 459.

(3) Cour du Banc de la Reine, 13 avril 1881, *Law. journal*, 1881, p. 425 ; Haute-Cour, décision de Chancellerie, 23 juillet 1883, *Law. journal*, 1883,

ne tenait compte que du domicile au moment de la naissance de l'enfant. Depuis une vingtaine d'années, elle manifeste une plus grande exigence, et se rapprochant, quoique avec plus de sévérité, du sentiment qui prévaut en doctrine, elle paraît exiger que la légitimation soit également reconnue par la loi du pays où le père se trouve domicilié lors du mariage [1]. Quel que soit le mérite de la théorie anglaise concernant le domicile, elle ne laisse pas moins ressortir l'esprit de la règle. L'enfant n'est frappé d'aucune incapacité. S'il se trouve atteint, c'est par voie tout à fait indirecte, parce que ses parents n'ont aucun moyen de l'élever jusqu'à eux ; dès que la législation compétente leur fournit ce moyen, il est appelé à en profiter. Pourquoi la justice des autres pays ferait-elle preuve d'une rigueur plus grande? Lorsque, substituant le principe de nationalité au principe du domicile, elle autorise les enfants d'origine anglaise à bénéficier de la loi de leur père relative à la légitimation, elle ne fait que répondre au sentiment intime de leur statut personnel.

Légitimation par décision de l'autorité. — Notre Code ne connaît que la légitimation par mariage subséquent : à la différence du droit français, de nombreuses législations étrangères admettent que l'enfant naturel peut être relevé de la bâtardise par un acte de l'autorité (judiciaire ou administrative) : c'est la légitimation dite par rescrit du prince, expression usuelle mais regrettable, car elle prête à une dangereuse équivoque. On soutient qu'une semblable légitimation n'est possible que si les intéressés sont sujets du même État [2]. La puissance publique n'a d'empire que sur la condition de ses nationaux ; il ne lui appartient pas de modifier la condition des étrangers.

p. 637; 1ᵉʳ novembre 1887, *J. dr. int. pr.*, 1888, p. 831. Comp. *Daily News*, 10 avril 1888.

(1) Voy. Dicey et Stocquart, *op. cit.*, t. I, p. 411; Wharton, § 241; Foote, *A concise treatise on private international jurisprudence*, p. 62; Stocquart, *J. dr. int. pr.*, 1896, p. 961.

(2) Comp. Weiss, t. IV, p. 99; Surville et Arthuys, 5ᵉ éd., n° 314, p. 382; Audinet, n° 625, p. 508; Despagnet-de Boeck, 5ᵉ éd., n° 280, p. 844. — M. Duguit distingue suivant que l'intervention de la puissance publique constitue une simple mesure de forme, ou implique une faveur toute discrétionnaire; dans le premier cas, seulement, il admettrait l'enfant naturel à se prévaloir de l'acte d'un souverain qui n'est pas le sien. Mais cette distinction ne répondrait à l'objection, qu'elle se propose d'éluder, que si la légitimation résultait d'un acte authentique quelconque en dehors de toute appréciation des autorités, s'il y avait lieu simplement à l'application normale de la règle *locus regit actum*.

Cette opinion est rationnelle dans le système qui prétend tenir compte à la fois des lois respectives du père et du fils; elle constitue la méconnaissance même de l'institution, si l'on pense que le rapport de droit doit être soumis à une législation unique. Dès qu'il a été satisfait à cette législation, le conflit est réglé[1]. L'acte, le rescrit, qui confère la légitimation, intervient en vertu de la loi constitutive du statut personnel de l'étranger. Il fait corps avec elle, et a droit, par suite, à des égards analogues hors des frontières du pays où il est rendu [2].

Du moment que la légitimation paraît possible lorsque les deux parties ressortissent à des États différents, un choix s'impose entre la loi des parents et celle de l'enfant. La question se présente dans les mêmes termes que pour la légitimation par mariage subséquent, et comporte la même solution [3]. Dans un cas comme dans l'autre, c'est la volonté des parents qui constitue toujours la cause de la légitimation : normalement ils recourent au mariage ; par exception, ils sollicitent cette faveur de l'autorité. Le changement d'état s'effectue donc en conformité de leur loi personnelle, qui en doit déterminer tous les effets[4].

Jusqu'ici nous avons supposé que les intéressés appartenaient à des pays admettant le même régime ; le conflit apparaît sous un aspect différent, lorsqu'une des législations en concours ignore cette institution. Le cas nous intéresse particulièrement ; car c'est ainsi que se manifeste le problème au point de vue de notre droit. Pour en avoir la solution, il suffit d'appliquer les principes précédents. Si le père est Français, la légitimation devient impossible en dehors du mariage, puisque sa loi est appelée à régir le rapport juridique. Si l'enfant est Français, et si le père appartient à un de ces États qui admettent la légitimation

(1) V. Albéric Rolin, t. II, n° 628. — M. Hingst rapporte (*Revue dr. intern.*, 1881, p. 412) que des lettres de légitimation ayant été demandées au Gouvernement des Pays-Bas (art. 329, C. civ.) par des parents prussiens en faveur d'un enfant né dans le pays, son refus fut vivement critiqué en vertu de l'article 9 du Code civil qui assure le même traitement aux étrangers qu'aux nationaux. Il semble cependant que *dans l'espèce* la décision pouvait être justifiée.

(2) Comp. Paris, 13 avril 1893, *J. dr. int. pr.*, 1893, p. 557.

(3) Bouhier, *Observations sur la coutume de Bourgogne*, ch. XXIV, n° 124.

(4) Albéric Rolin, t. II, n° 628, p. 159; de Bar, t. I, n° 198. L'article 1723 du Code civil allemand attribue compétence à l'État confédéré auquel ressortit le père. — En faveur de la loi de l'enfant, Voy. Laurent, t. V, p 614; Schaeffner, p. 55.

unilatérale; la légitimation sera possible ; il n'y a qu'à se conformer aux dispositions de la loi de ce dernier. Peut-être, objectera-t-on, l'enfant français va se voir appliquer une disposition que ne comprend pas son statut. Outre que l'avantage est pour lui et que son intérêt commande cette solution, qu'a-t-elle de répréhensible au point de vue doctrinal ? De ce qu'un pays ignore une institution, il ne résulte nullement qu'il entende lui refuser toute valeur, lorsque, par le jeu normal des règles relatives aux conflits internationaux, la question vient à se poser. Ce serait élever une barrière fort arbitraire contre l'extension rationnelle de la loi étrangère. Nous avons vu les juges anglais reconnaître plein effet à la légitimation par mariage subséquent quand la loi du père en admet la validité. En ce qui concerne la légitimation par rescrit, il n'existe aucun document de jurisprudence ; mais les auteurs, qui ont prévu le cas, ne doutent pas qu'un décret ne doive produire le même résultat [1]. La pratique anglaise ne manifeste pas pour l'application de la loi étrangère plus d'enthousiasme qu'il ne convient. Pourquoi l'opinion française se montrerait-elle moins libérale à l'égard d'une institution très sage, très utile, conforme à la tradition, victime du plus injuste des préjugés?

IV. — L'adoption.

Les conflits de lois, que provoque l'adoption, prêtent aux opinions les plus divergentes. Il n'existe guère de solution qui n'ait été proposée [2]. Cette abondance de doctrine n'a d'égale que la pénurie de jurisprudence, car l'adoption est d'un usage bien peu courant.

L'adoption, constituant un contrat, suppose l'accord de deux volontés [3]. Il faut que chacune de ces volontés émane d'une personne capable, et, comme en droit international privé la capacité dépend de la loi personnelle, le pouvoir des parties doit être mesuré d'après le statut propre à chacune d'elles. Ce point ne saurait faire aucun doute ; seule la ligne de démarcation peut donner lieu à des controverses [4].

(1) Voy. Dicey et Stocquart, t. I, p. 412.

(2) Sur les difficultés d'une solution théorique, Pillet, *J. dr. int. pr.*, 1895, p. 507.

(3) Pour l'adoption testamentaire, voy. ci-dessous le développement relatif à la tutelle officieuse.

(4) Comp. en sens divers Weiss, t. IV, p. 113 ; Surville et Arthuys, n° 316,

A notre avis, les conditions de l'adoption ne dépendent pas de la loi qui détermine la capacité. C'est bien la loi personnelle de chaque intéressé qui doit dire s'il remplit les qualités requises de discernement et d'indépendance ; mais là s'arrête son rôle. A la loi régulatrice de l'adoption, il appartient de spécifier les règles suivant lesquelles elle peut s'effectuer [1] : elle fixera les différences d'âge qui s'imposent entre l'adoptant et l'adopté, elle indiquera la durée des soins qui ont dû être fournis, ou mentionnera les circonstances qui en tiennent lieu, elle décidera si la présence d'enfants ou de descendants constitue un empêchement, si la même personne peut être adoptée en même temps par plusieurs ; elle énumérera enfin les causes de prohibition. Ce qui prouve nettement que cette catégorie de dispositions ne représente pas de simples éléments de capacité, c'est qu'il devient impossible de distinguer si les exigences légales sont édictées dans l'intérêt de l'adoptant ou dans l'intérêt de l'adopté. Dépassant l'intérêt personnel des contractants, elles sont écrites en vue du but social, destinées, selon les tendances du législateur, à sauvegarder le droit de la famille naturelle, ou à favoriser la création d'une parenté artificielle.

On n'est nullement d'accord sur le point de savoir à quelle loi il appartient de déterminer les effets de l'adoption, et, d'après notre opinion, ses conditions intrinsèques. En ce qui concerne les contrats ordinaires, c'est la théorie de l'autonomie de la volonté qui donne la solution : tout se ramène à une question d'intention. Mais, pas plus que le mariage, l'adoption, bien que mettant en œuvre le concours de deux volontés, ne saurait être comparée à un contrat ordinaire. Comme le mariage, elle est sous la dépendance du droit de famille, qu'elle modifie dans une large mesure. Son organisation ne peut être abandonnée à la discrétion des parties [2]. Le rôle du législateur est ici de commander ; ses règles deviennent impératives.

Au lieu d'exclure l'une des lois en conflit, au détriment de l'autre, on a cherché à les appliquer concurremment : la loi de l'adoptant déterminerait les droits de l'adopté au regard de ce-

p. 385 ; Despagnet-de Bœck, n° 282, p. 846 ; Laurent, t. VI, p. 60 ; Brocher, t. I, p. 333 ; Fiore, t. II, n° 759, p. 309 ; de Bar, t. I, n° 199.

(1) Comp. Albéric Rolin, t. II, n° 635, p. 168. — V. Aix, 16 mars 1909, cette *Revue*, 1909, p. 642.

(2) Weiss, t. IV, p. 117.

lui-ci, et la loi de l'adopté fixerait les droits que l'adoption confère à l'adoptant lui-même sur l'enfant qu'il introduit dans sa famille [1]. On a également proposé de ne reconnaître que les dispositions pouvant s'accorder avec les deux lois [2].

Ces combinaisons, qui témoignent d'un effort louable de conciliation, ont le grave défaut d'être assez arbitraires; elles écartent le conflit plutôt qu'elles ne le résolvent. Qu'on le veuille ou non, la nécessité du choix s'impose entre la loi de l'adoptant et la loi de l'adopté.

En vue de donner la préférence à la loi de l'adopté [3], on fait valoir que son état se trouve surtout en jeu : c'est pour lui, et à son avantage, que l'adoption est organisée, qu'elle produit ses effets les plus importants. Cet argument paraît séduisant; mais si, conformément au principe général que nous avons cherché à établir, il convient moins de s'attacher à l'intérêt des parties que de consulter le but de la loi, nous croyons, avec l'opinion la plus répandue [4], que la loi de l'adoptant s'impose. L'adoption constitue un contrat, qui permet de faire entrer dans la famille une personne n'en faisant pas partie. Pour régler cette situation, dans tous les pays, la loi se place au point de vue de l'adoptant; c'est lui seul qui remplit un rôle actif, le rôle de l'adopté se borne à une acceptation. Il se passe ici quelque chose de comparable à la reconnaissance de l'enfant naturel dans les législations qui exigent son consentement. Mais, s'il en est ainsi, le statut de l'adoptant absorbe le statut de l'adopté, et doit former le titre du contrat. Faut-il ajouter que la filiation adoptive tend, quoique de loin, à imiter la parenté du sang, et que, logiquement, il semble nécessaire d'étendre le même règlement à des conflits qui sont analogues [5].

(1) De Bar, t. I, n° 197.

(2) Albéric Rolin, t. II, n° 638, p. 173; Despagnet, 4e éd., n° 286, p. 569. Cpr. Pillet, *loc. cit.*

(3) Weiss, t. IV, p. 120.

(4) Surville et Arthuys, n° 316, p. 385 ; Rougelot de Lioncourt, *Conflits des lois*, p. 250 ; Laurent, t. VI, p. 78; Fiore, t. II, n° 752, p. 312. — En ce sens : loi fédérale suisse, art. 8; C. civ. japonais, art. 19; C. civ. allemand, loi d'introduction, art. 22 (sauf consentement de l'enfant ou de son représentant légal d'après les art. 1741, 1751 et 1774 C. civ., si l'adoptant est étranger).

(5) On argumente aussi d'une prétendue soumission volontaire de l'adopté à la loi de l'adoptant. Mais ce raisonnement est inexact; il s'agit d'une matière, qui échappe à l'autonomie de la volonté des intéressés.

Si la loi de l'adoptant doit être considérée comme la loi régulatrice de l'adoption, il convient de la maintenir dans les limites qu'elle comporte. Cette loi a bien qualité pour déterminer les rapports respectifs de l'adoptant et de l'adopté; mais elle ne saurait, sans méconnaître son rôle légitime, être appliquée aux rapports de l'adopté avec sa famille naturelle; il ne lui appartient pas de décider si l'adopté sort de cette famille, ou s'il y conserve son rang. La loi nationale de l'adopté, qui jusqu'alors a régi ses droits et ses devoirs. de famille, est seule compétente [1]. Cette solution, si logique qu'elle puisse paraître, est cependant vivement contestée, et n'a pas échappé au reproche d'arbitraire. Il n'existe cependant guère de critique qui soit moins justifiée. Une comparaison remettra les choses au point. Lorsqu'une personne se propose de changer de patrie, on admet que, pour acquérir la qualité de citoyen du nouvel État, elle doit démontrer qu'elle a rompu son premier lien d'allégeance. L'opération se décompose en deux parties : perte de la nationalité ancienne, acquisition de la nationalité nouvelle. Dans le changement de famille, il se passe quelque chose de semblable avec cette différence que le maintien du lien légal de parenté naturelle n'empêche nullement l'acquisition du lien de parenté adoptive, les deux parentés pouvant se cumuler. Mais, comme pour la nationalité, l'opération comporte deux termes : 1° la personne, qui veut se donner en adoption, sort-elle de sa famille naturelle? C'est à sa loi nationale d'en décider; 2° dans quelle situation la personne, qui se donne en adoption, va-t-elle se trouver vis-à-vis de celui qui l'accepte comme enfant? C'est la loi nationale de ce dernier, qui formera la charte de leurs relations. Le domaine de chaque loi reste ainsi nettement délimité; ni l'une ni l'autre ne doit s'occuper des points qui lui échappent.

Les conflits, que nous venons d'examiner, supposent que les législations concurrentes appliquent à l'adoption un régime différent; il peut arriver qu'une des législations ignore cette institution. La difficulté est analogue à celle que nous avons déjà rencontrée à propos de la reconnaissance et de la légitimation des enfants naturels. En vertu du même raisonnement, elle comporte la même solution. Du moment que la loi régulatrice du conflit, dans l'espèce la loi de l'adoptant, en légitime l'emploi,

____

(1) Fiore, t. II, n° 752; Despagnet-de Boeck, n° 286, p. 851. — *Contrà*, Laurent, t. VI, p. 78.

l'adoption devient possible, et sa validité peut être reconnue, puisqu'il a été satisfait aux conditions requises [1].

V. — **La puissance paternelle et la tutelle.**

Puissance paternelle. — Partout le père et la mère ont des pouvoirs plus ou moins étendus sur la personne et sur les biens de leurs enfants. C'est l'ensemble de ces pouvoirs que l'on qualifie de puissance paternelle. La diversité des nationalités dans une même famille devient une cause de conflits particulièrement délicats. A quelle loi convient-il d'en demander la solution? à celle du père, ou de la mère lorsqu'elle lui succède, ou bien à celle de l'enfant?

La jurisprudence paraît assez nettement fixée. La Cour de cassation, quand elle fut saisie du débat pour la première fois, rendit un arrêt de sentiment [2], influencé par la nationalité française de la personne, qui prétendait à l'exercice de la puissance paternelle. Quelques années plus tard, sous la même impression, elle reproduisit la même solution [3], dont tout naturellement il devait être fait état dans les procès ultérieurs. Des décisions plus récentes de tribunaux ou de cours d'appel [4], s'autorisant de ces précédents, mais dégageant la règle qu'ils avaient sous-entendue, déclarèrent la loi du père préférable à celle de l'enfant, dans des cas où l'enfant était Français et le père étranger. Les motifs, qui avaient inspiré la Cour suprême, n'exigent plus sa décision, la repoussent même : une question d'espèce crée une solution de principe, preuve manifeste du danger que l'on

(1) *Contrà*, projet suisse, art. 1759. — La question s'est présentée dans le canton de Vaud, dont la législation ignore l'adoption. Les lois de finances de ce canton exemptent des droits de mutation les successibles en ligne directe descendante. Celui qui réclame la succession d'un étranger en qualité d'enfant adoptif peut-il bénéficier de cet avantage? La négative fut admise, parce qu'il s'agissait de dispositions fiscales, auxquelles une telle éventualité demeurait nécessairement étrangère. V. Lehr, *J. dr. int. pr.*, 1882, p. 291.

(2) Cass., 13 janvier 1873 (S. 73. 1. 13, D. 73. 1. 297).

(3) Cass., 14 mars 1877 (S. 78. 1. 25, D. 77. 1. 385).

(4) Bourges, 4 août 1874 (S. 75. 2. 69); Trib. civ. Seine, 5 avril 1884, *J. dr. int. pr.*, 1884, p. 521; Bordeaux, 23 juillet 1897, cassant Trib. civ. Bordeaux, 17 juillet 1896, *ibid.*, 1897, p. 1028. Cpr. Paris, 5 août 1908, cette *Revue*, 1909, p. 273. V. aussi, Conférence des avocats à la Cour de cassation, *Le Droit* du 23 novembre 1884; Trib. sup. Bavière, 27 décembre 1897, *Zeitschrift für internationales Privat und Strafrecht*, 1894, p. 570.

court à soumettre les règles du droit à la contingence des faits.

La doctrine est très divisée. La loi du père [1] et la loi de l'enfant [2] comptent l'une et l'autre de chauds partisans, chaque partie paraissant avoir l'*intérêt* le plus légitime à donner la solution du conflit. Fidèle au principe que nous avons établi, nous ne pouvons, pour choisir entre les excellentes raisons produites de part et d'autre, que rechercher le fondement des législations sur ce point.

Il est peu d'institutions du droit privé, qui aient subi une évolution aussi générale que la puissance paternelle. Raconter son histoire, serait énumérer les chutes successives d'une royauté, décrire la transformation d'un pouvoir en un devoir. Illimitée jadis, perpétuelle à Rome, elle apparaît de nos jours comme une mesure de protection, dont le but est le seul développement physique et moral de l'enfant. Notre Code civil s'est rallié au système des pays de coutume, qui en faisaient une charge plutôt qu'un émolument [3]. L'intérêt de l'enfant, tel fut le critérium, dégagé par nos anciens auteurs, exalté par Jean-Jacques Rousseau, qui guida les rédacteurs du Code civil [4], et qui, depuis, n'a cessé d'inspirer les réformes apportées à la rigueur encore trop grande des textes primitifs. Et cette transformation n'est pas spéciale à la France, ni aux États qui lui ont emprunté ses lois civiles, ou s'en sont inspirés [5]; elle se retrouve presque partout. Dans le groupe des législations de plus en plus nombreuses, qui se réclament de la science germanique, la puissance paternelle reste considérée comme une tutelle élargie, échap-

(1) Albéric Rolin, t. II, n° 646; Asser et Rivier, p. 125; Fiore, t. II, n° 613, p. 122; de Bar, t. I, n° 202.

(2) Surville, *Revue critique*, 1898, p. 257; Surville et Arthuys, n° 320, p. 391; Weiss, t. IV, p. 156; Pillet, *J. dr. int. pr.*, 1895, p. 505; Audinet, n° 636, p. 517; Bard, *Th. des statuts*, p. 234; Rougelot de Lioncourt, p. 256; Durand, p. 350; Despagnet-de Boeck, n° 269, p. 821.

(3) « Dans la coutume de Paris, et dans la plupart des autres, remarquait Argou, *Institution au droit français*, t. I, p. 23, les pères n'ont guère plus de pouvoir sur leurs enfants que les tuteurs sur leurs pupilles... ». Cf. Bourjon, *Droit commun de la France*, liv. I, t. V, ch. I, sect. I, art. 1. — De là, l'adage : Puissance paternelle n'a lieu. Loisel, *Institutes coutumières*, liv. I, t. I, règle 37. Sur ce texte, Voy. Henry, *Revue critique*, 1900, p. 46.

(4) V. Locré, *Législ. civ.*, t. VII, p. 6; Exposé des motifs de Réal, p. 53; Rapport Vésin, p. 67, 73; Discours du tribun Albisson, p. 82.

(5) Pour l'Italie, voy. de Buniva, *Studii sopra il libro del projetto di codice civile*, p. 130. — S. Gianzana, *Cod. civ.*, t. II, n° 351.

pant seulement à quelques-unes des restrictions imposées au tuteur : le Code civil de l'Empire d'Allemagne est, à cet égard, caractéristique [1].

Le but social, aujourd'hui reconnu, de la puissance paternelle doit avoir pour conséquence logique d'attribuer la préférence au statut personnel de l'enfant [2]. Sans méconnaître l'importance de l'évolution qui s'est réalisée, on a cependant soutenu que la puissance paternelle n'est pas établie dans l'intérêt individuel, ni de l'enfant ni du père, mais dans l'intérêt collectif de la famille présente ou future. Seul, le père, investi du pouvoir familial dans sa plénitude a, dit-on, qualité pour la représenter, et peut ainsi réclamer l'application ici de sa loi personnelle [3].

Cette ingénieuse explication déplace les termes du problème plutôt qu'elle ne le modifie. La conception moderne de la puissance paternelle s'annonce comme une conquête très catégorique du droit individuel sur la solidarité familiale. Sous l'influence des idées nouvelles, il n'a plus paru possible de sacrifier l'enfant aux intérêts d'un groupe, si respectable soit-il ; au lieu de demeurer au second plan, la personnalité de l'enfant est devenue prépondérante. Et jamais meilleure occasion ne s'est présentée d'appliquer cette règle d'équité : les mesures de protection s'apprécient d'après le statut de la personne protégée.

Une objection cependant se présente à l'esprit. Si, en principe, la puissance paternelle est bien établie en vue de l'enfant, certains de ses attributs ne concernent-ils pas directement le père ? Ne constituent-ils pas pour lui de véritables droits ? Dans ce cas, il deviendrait nécessaire de décomposer l'institution, et d'établir des distinctions entre ses divers éléments : ceux qui donnent au père des avantages exclusifs dépendraient du statut

---

(1) Exposé des motifs, t. IV, p. 724. — Voy. Gastambide, *L'enfant devant la famille et l'Etat*, p. 34 ; Travers, *De la puissance paternelle et de la tutelle sur les enfants naturels*, p. 46.

(2) D'après M. Keidel (*J. dr. int. pr.*, 1899, p. 258), en tenant compte de la conception du droit allemand relative à la puissance paternelle, l'article 19 de la loi d'introduction au Code civil doit être interprété comme permettant de suivre la loi de l'enfant. — En faveur de la loi du père et de la mère, Code civil japonais, art. 20. La loi fédérale suisse, article 9, applique la loi du domicile, fixé, article 4, au domicile de la personne qui exerce la puissance paternelle.

(3) Bartin, *Dissertation*, D. 1901. 2. 265. Comp. Albéric Rolin, n° 649, p. 189.

personnel du père; ceux qui sont destinés à sauvegarder les
intérêts de l'enfant resteraient soumis au statut de l'enfant.
L'exemple, qui caractérise le mieux cette controverse, se déduit
du droit de jouissance légale ignoré dans certains pays, consa-
cré dans d'autres à l'instar de la France. Il semble bien qu'il
y ait là une faveur législative, dont l'autorité d'une loi étrangère ne saurait dépouiller la partie appelée à en bénéficier [1].

Malgré sa forme, très spécieuse, l'argument n'est pas décisif. La puissance paternelle en droit international privé représente un ensemble, un bloc, qui ne peut dépendre que d'une
législation unique. Établir des distinctions entre des règles qui
se justifient l'une par l'autre, c'est s'efforcer à de vaines et dan-
gereuses subtilités. Reprenons l'exemple le plus embarrassant,
celui de la jouissance légale. L'accord n'existe pas sur l'explication qu'il convient d'en donner. Pothier voyait dans son ancêtre
historique, la garde noble ou bourgeoise, une *récompense de
l'éducation*, et tel est le point de vue de nombre d'auteurs moder-
nes : Proudhon prononce le mot, quelque peu exagéré, de *traitement*. Divers jurisconsultes croient plutôt que l'usufruit a surtout pour objet d'éviter des comptes anciens et compliqués de
revenus. Mais les uns et les autres tombent d'accord pour reconnaître qu'il a été établi dans l'intérêt de l'enfant, en vue de
rendre le père plus vigilant, afin aussi de permettre à la justice
de se montrer plus exigeante à l'égard d'une gestion rémunérée.
Le même mobile inspire toujours le législateur, et laisse ainsi
au conflit son caractère normal.

C'est donc la loi de l'enfant qui gouverne l'ensemble de la
puissance paternelle [2]. C'est elle qui en fixe les époques extrê-
mes, le commencement comme la fin, qui limite les pouvoirs
du père et organise les mesures de contrôle, qui énumère les
causes de déchéance [3], qui spécifie les cas et les conditions dans

(1) Cass., 14 mars 1877, précité. — Conf. Laurent, t. VI, p. 43. *Contrà*,
Keidel, *loc. cit.*

(2) La loi de l'enfant doit décider des autorisations nécessaires à la validité
de son mariage. — Même solution en Allemagne : cependant l'enfant, qui se
marie au mépris des prescriptions du statut de son père, encourt une peine (art.
890, C. proc. allemand) pouvant s'élever à 1.500 marcs d'amende ou 6 mois de
prison. — Dr Karl Neumayer, d'après M. Gombeaux, *J. dr. int. pr.*, 1907, p. 661.

(3) M. Pillet propose d'appliquer les causes de déchéance prévues par les
deux lois, *J. dr. int. pr.*, 1892, p. 5. Voy. ci-dessous le développement relatif
à la tutelle.

lesquelles la mère peut être appelée à remplacer ou à suppléer le père. Lorsqu'il s'agit de l'enfant naturel, la même règle demeure applicable [1], en quelque sorte *a fortiori*.

On a adressé une critique doctrinale à ce système [2]. Il peut arriver que les enfants d'une personne ne ressortissent pas tous à la même nationalité. Les pouvoirs du père ou de la mère, sur chacun d'eux, ne seront donc pas identiques. N'est-il pas étrange de voir des frères soumis à un régime différent? Et ce résultat n'est-il pas assez choquant pour faire préférer la loi du père, qui, elle au moins, présentera l'avantage d'établir l'égalité entre les membres de la famille?

L'objection paraît fort grave. Il est certainement regrettable de soumettre à ses régimes différents les enfants d'une même personne. Mais cette fâcheuse conséquence se retrouve dans bien d'autres matières du droit international privé ; elle ne se restreint pas à ce cas. L'application de la loi du père n'exclurait nullement le résultat contre lequel on s'insurge. Le père peut changer de nationalité; et, même lorsque le changement s'étend aux enfants mineurs déjà nés, est-il possible d'admettre une modification corrélative du statut applicable? Nul n'a le droit de modifier de son propre mouvement les termes d'un rapport juridique, et de s'assurer ainsi des pouvoirs nouveaux ou différents [3].

Tutelle. — La tutelle est un succédané de la puissance paternelle; elle la remplace ou se combine avec elle. Beaucoup plus manifestement encore, elle constitue pour le mineur une mesure de protection. C'est donc sa loi qui doit faire autorité [4], et cette solution est tellement conforme à la vérité juridique qu'elle se trouve acceptée même par les auteurs qui soumettent la puissance paternelle au statut personnel du père [5].

Si l'application de la loi de l'enfant à la tutelle dative peut être considérée comme un véritable axiome, le débat soulevé à propos de la puissance paternelle reparaît à propos de la tu-

____

(1) Trib. civ. Seine, 4 mars 1908, cette *Revue*, 1908, p. 473. — Comp. C. civ. allemand, loi d'introduction, art. 20.

(2) Albéric Rolin, t. II, n° 646.

(3) Weiss, t. IV, p. 159.

(4) V. Chavegrin, *De la tutelle des mineurs en dr. int. pr.*, *Revue critique de législ. et jurispr.*, 1883, p. 500 et suiv.

(5) Albéric Rolin, t. II, n° 656, p. 197; Asser et Rivier, p. 129; Fiore, n° 295. — Conf. Laurent, t. VI, p. 97.

telle légitime, au moins en ce qui concerne sa dévolution. Entre les deux institutions, on cherche à établir un lien de dépendance, qui les rattache intimement l'une à l'autre, et leur impose
le même régime [1].

Nous avons exposé dans quelles circonstances la Cour de cassation était arrivée à donner la préférence à la loi du tuteur légitime [2]. Ce n'était pas en réalité une question de conflit de
statuts qui préoccupait l'arrêt de la Cour suprême, mais bien
plutôt la sauvegarde de l'intérêt national. Et, quoique plusieurs
décisions judiciaires se soient prononcées dans le même sens [3],
il serait prématuré d'en conclure à une jurisprudence certaine.
Dans un arrêt récent [4], la Cour suprême spécifie que « les
règles sur l'organisation de la tutelle, et la représentation des mineurs en justice, sont déterminées par leur loi personnelle, qui
les suit en pays étranger ». Sans doute, l'espèce était défavo-
rable : il s'agissait d'une mère naturelle, qui contestait la qualité
de tutrice légale, lui appartenant, en conformité de la loi de l'enfant, et soutenait n'avoir pu le représenter utilement. La discussion ne paraît même pas avoir porté sur un choix entre les deux
législations. Peu importe. Le principe est affirmé, et sa reconnaissance ne saurait dépendre de la fragilité des circonstances
de fait.

La solution, que nous avons donnée pour la puissance
paternelle, décide ici la question. En tout cas, c'est encore la
préoccupation de l'enfant, qui inspire le droit sur ce point :

(1) Comp. Bartin, *Dissertation*, D. 1901. 2. 265.

(2) Cass., 13 janvier 1873, précité.

(3) Paris, 21 mars 1862 (S. 62. 2. 401) ; Bourges, 4 août 1874 (S. 75 2. 69) ;
Trib. civ. Seine, 5 avril 1884 (*J. dr. int. pr.*, 1884, p. 251) ; Trib. civ. Nancy,
6 août 1895, *ibid.*, 1896, p. 619. — *Contra*, Bastia, 8 décembre 1863 (D. 64. 2.
1) ; Trib. civ. Seine, 1er juin 1888, *Droit* du 13 juin ; Trib. civ. Courtrai,
19 mai 1888 (*Pand. belges pér.*, 1888, 1254) ; Trib. civ. Arlon (*J. dr. int. pr.*,
1895, p. 171) ; Trib. civ. Anvers, 6 février 1895 (*ibid.*, 1895, p. 204) ; Trib.
1re inst. Caracas, 26 février 1902 (*ibid.*, 1903, p. 221). — En sens contradictoires : Haute-Cour d'Angleterre, 12 mai 1885 et C. appel, 28 octobre 1885 (*ibid.*,
1886, p. 223, et 1887, p. 353) ; Conseil fédéral suisse, rapports de 1890 et 1892
(*ibid.*, 1890, p. 779, 1893, p. 657). — Comp. pour la loi de l'enfant : Trib. de
l'Empire d'Allemagne, 24 juin 1908, cette *Revue*, 1909, p. 320 ; C. appel Rio
de Janeiro, 23 juillet 1907 (*O Direito*, vol. 107, p. 258).

(4) Cass. civ., 2 juin 1908, cette *Revue*, 1909, p. 247. Cpr. Trib. civ.
Nice, 2 février 1903 (*J. dr. int. pr.*, 1903, p. 860) ; Bordeaux, 6 juillet 1909,
cette *Revue, infra*.

et si une place est réservée à la tutelle légitime, c'est qu'elle
paraît, dans certaines circonstances, constituer la meilleure sauvegarde de ses intérêts. Le statut personnel, dont il relève, et
lui seul, peut ainsi avoir compétence pour déterminer le régime
préférable [1]. Cette théorie, qui avait déjà reçu l'approbation de
l'Institut de droit international [2], et que l'on trouve consacrée
par plusieurs législations [3], est devenue obligatoire dans les rapports des États signataires de la Convention de La Haye du 12 juin
1902 : l'article 1er, qui établit le principe, n'admet aucune distinction, et les discussions, auxquelles a donné lieu l'élaboration
de ce texte [4], démontrent que les dissidences de la jurisprudence française ont été examinées, et volontairement écartées.

Aussi étendue que puisse être l'application de la loi du mineur, soit pour l'administration de ses biens [5], soit pour la
garde et le gouvernement de sa personne [6], il existe cependant
des cas où la question se pose de savoir si elle ne doit pas se
combiner avec la loi personnelle du tuteur ou même lui céder
la place : c'est là ce qui se produit, à propos des causes d'excuse,
de dispense ou de destitution de la tutelle.

L'exercice d'une tutelle, constitue en général une lourde
charge. En permettant au tuteur de s'y soustraire, ou de s'en dé-
mettre sous certaines conditions, le législateur entend lui attribuer un avantage direct. Ce n'est plus la considération de l'incapable qui dicte ses solutions, mais bien la faveur qu'il témoigne
au tuteur. Ce changement de sollicitude change également
la solution du conflit. Du moment où l'intérêt du tuteur se trouve
seul en cause, seule aussi sa loi personnelle doit avoir autorité
pour déterminer les moyens légaux de décharge qu'il est admis

(1) Renault (S. 78. 1. 25); Chavegrin, *op. et loc. cit.*, p. 502; Surville
(*Revue critique*, 1898, p. 257); Audinet (S. 1900. 2. 89); Lehr (*Revue dr. intern.*,
1902, p. 337); Weiss, t. III, p. 320.

(2) Règlement de Hambourg, 1891, sur le savant rapport de M. Lehr,
Annuaire, t. XI, p. 104.

(3) Loi fédérale suisse, art. 10 (clause formelle); C. civ. japonais, art. 23.
Comp. C. civ. allemand, loi d'introduction, art. 23; loi suédoise, ch. IV.

(4) Lainé, *J. dr. int. pr.*, 1903, p. 919.

(5) Le tuteur de fait, ou irrégulier, est *a fortiori* soumis à la loi du mineur
pour la détermination de sa responsabilité. V. Sumien (*J. dr. int. pr.*, 1906,
p. 317). — *Contra* : Alger, 5 mars 1896 (D. 99. 2. 409), et la dissertation de
M. Pic, critiquant cet arrêt.

(6) Trib. civ. Seine, 4 mars 1908, cette *Revue*, 1908, p. 473. Cpr. Larcher
(*Rev. algérienne*, 1905. 2. 202).

à invoquer [1]. Une opinion, assez répandue, l'autorise même à se prévaloir non seulement de sa propre loi, mais de la loi du mineur [2]. Cette extension nous semble exagérée. La loi du mineur n'a rien à voir dans le débat, puisqu'il ne s'agit pas de sa protection. Tel a bien été le sentiment des négociateurs de la Convention de La Haye : ils ont été d'accord pour soustraire ces cas à la règle générale [3]. En présence des termes absolus de l'article 1er, une explication formelle eût été utile pour éviter des surprises aux juges, et prévenir des interprétations inexactes.

Les causes d'excuse et de dispense constituent des droits pour le tuteur, et cette considération justifie la dérogation à la règle générale. Il n'en est plus ainsi à propos des causes d'incapacité et de destitution, qui présentent un tout autre caractère. Elles dérivent dans les diverses législations de motifs de défiance à l'égard de la capacité ou de l'honorabilité des tuteurs ; elles sont édictées en faveur du mineur, et sa loi personnelle doit, par suite, recouvrer tout son empire [4]. Il pourrait même paraître tentant de faire état à la fois des dispositions admises, d'un côté, par la loi du mineur et, de l'autre, par la loi du tuteur [5]. Mais cette solution, inspirée par le désir louable d'assurer les plus grands avantages à l'enfant, ne repose sur aucune raison juridique. Du moment que l'incapable est entièrement régi par son statut personnel, il doit être considéré comme obtenant le maximum de protection [6].

Émancipation. — L'émancipation est un moyen de sortir de la puissance paternelle ou de la tutelle. Elle dépend donc de la loi, qui gouverne ces institutions [7], la même dans notre opi-

---

(1) Albéric Rolin, t. II, n° 659, p. 202. Cpr. Paris, 1889 (*J. dr. int. pr.*, 1890, p. 329) et Bruxelles, 21 décembre 1906 (*Pasicrisie*, 1907. 2. 21).

(2) Chavegrin, p. 514 ; Audinet, n° 662, p. 537 ; Savigny, t. VIII, p. 343.

(3) V. Lainé, *loc. cit.*, p. 923. — Le gouvernement hongrois avait sagement proposé de spécifier que « le devoir pour être tuteur est réglé par la loi nationale du tuteur ». Cf. *Actes de la Conférence*, 1900, p. 103.

(4) V. Cass. req., 22 décembre 1874 (D. 75. 1. 316). Cpr. C. de Maëstricht, 20 décembre 1868 (*Revue dr. int. pr.*, 1881, p. 413) ; Ordonn. espagnole, 23 novembre 1886 (*J. dr. int. pr.*, 1888, p. 688) ; Trib. civ. Bruxelles, 19 avril 1905 (*Belgique judiciaire*, 1905, p. 686).

(5) Audinet, n° 662, p. 537. Cpr. Pillet, *loc. cit.*

(6) Chavegrin, p. 514 ; Lainé, p. 922 ; Weiss, t. III, p. 332.

(7) En ce sens, loi fédérale suisse, art. 7, al. 3.

nion. C'est en sa faveur un nouvel argument, car elle évite la bizarrerie du système qui, soumettant la puissance paternelle et la tutelle à des législations différentes, se verrait dans la nécessité de varier la règle applicable à l'émancipation, selon les circonstances dans lesquelles elle interviendrait.

On soutient, il est vrai, que l'émancipation, ayant pour but de conférer au mineur une capacité dont il ne jouissait pas, relève de sa seule loi personnelle. Mais avant de se préoccuper du changement de condition, il faut savoir s'il est licite, et la réponse à cette question ne peut être donnée que par la loi qui, antérieurement, régissait cette condition. Voici, par exemple, un père anglais et un fils français ; l'émancipation est-elle possible, notre Code la permettant, le droit britannique l'ignorant ? Oui, si la puissance paternelle est soumise au statut de l'enfant, non dans le cas contraire ; car la législation, qui est compétente pour déterminer dans quels cas l'enfant est soumis à la puissance paternelle, est également compétente pour déterminer dans quels cas il peut en sortir.

A notre avis, c'est à la loi du mineur, comme régissant la puissance paternelle et la tutelle, qu'il appartient de préciser les conditions de l'émancipation, de déterminer les événements dont elle peut résulter et d'établir les causes de révocation. C'est aussi elle qui réglera le régime transitoire auquel le mineur se trouvera soumis jusqu'à sa majorité, et qui organisera le régime de la curatelle [1].

Lorsqu'il s'agit d'une femme émancipée par le mariage, la nouvelle condition juridique s'apprécie d'après la loi du mari [2]. Il en est ainsi non seulement lorsqu'elle emprunte sa nationalité, mais encore lorsque, cet effet ne se produisant pas, les époux conservent un statut personnel différent. En pareille occurrence, la solution devient délicate ; mais elle nous paraît résulter du caractère si intime de l'union conjugale, qui la soumet dans tout son ensemble à l'empire d'une législation unique.

Tutelle officieuse. — La tutelle officieuse soulèverait, au cas où les intéressés ressortissent à des nationalités différentes, un conflit des plus embarrassants, s'il n'était appelé à rester tout

______

(1) Weiss, t. III, p. 353 et s.
(2) Trib. comm. Seine, 9 mars 1897 (*Pand. fr. pér.,* 1897. 5. 45) ; Paris, 12 novembre 1898 (*J. dr. int. pr.* 1899, p. 364 et 1907, p. 348).

théorique, en raison de la rareté des applications. Cette institution est, en effet, d'un caractère hybride : elle prépare l'adoption qu'elle facilite; elle met aussi l'enfant sous la direction immédiate de son protecteur, et, par là, se rapproche de la puissance paternelle et de la tutelle. Cette complexité impose une distinction [1]. En tant que préliminaire de l'adoption, la tutelle officieuse relève de la même loi, c'est-à-dire, dans notre opinion, de la loi de l'adoptant, par conséquent de la loi du tuteur officieux. C'est cette loi qui doit en autoriser l'emploi, et qui règle le passage de la tutelle à l'adoption, notamment par testament; c'est elle encore qui détermine les obligations du tuteur, ainsi que les satisfactions dues à l'enfant, si l'adoption n'a pas lieu. Mais, pendant la minorité de cet enfant, les attributs de la puissance paternelle ne peuvent être cédés, ni exercés, qu'en conformité de sa loi personnelle, qui, protectrice naturelle de ses intérêts, a seule le pouvoir de décider son sort.

VI. — L'interdiction et le conseil judiciaire.

De semblables mesures, modifiant la capacité des personnes, dépendent nécessairement de la loi qui régit cette capacité [2]. La même solution doit être maintenue quand les dispositions applicables du droit étranger sont prises en faveur d'une famille relevant d'un statut différent. Ainsi le Code civil allemand autorise l'*interdiction* des prodigues et des ivrognes, qui exposent les leurs à l'indigence. Mais ni la femme, ni les enfants ne peuvent de ce chef poursuivre, ainsi que le leur permet le droit allemand, l'interdiction de leur mari ou de leur père, une fois devenu Français. Entre les deux intérêts, celui du prétendu incapable reste prépondérant, si peu digne d'estime que soit sa triste individualité. Le principe est certain : nul ne peut encourir une déchéance civile que n'autorise pas son statut personnel.

VII. — L'obligation alimentaire et les devoirs de parenté.

Comme sanction des rapports de parenté les plus proches,

(1) Comp. Albéric Rolin, t. II, n° 643.

(2) Règlement de l'Institut de droit international, session de Cambridge, 1895, *Annuaire*, t. XIV, p. 163; Convention de La Haye du 17 juillet 1905, *concernant l'interdiction et les mesures de protection analogues*, art. 1 et 13.

les législations reconnaissent l'obligation alimentaire, mais avec des variantes fort sensibles; quelques-unes même se montrent hostiles aux alliés : il en est ainsi notamment de l'Angleterre et des États-Unis. Ces différences de réglementation provoquent de très graves conflits, lorsque les parents en cause n'ont pas la même nationalité.

On a soutenu que l'obligation alimentaire devait être reconnue par les deux lois en conflit. « En principe, disent MM. Surville et Arthuys (1), une dette ne peut exister que par le concours de la volonté du créancier et du débiteur. Pour l'obligation alimentaire, ce concours est remplacé par la loi. Mais chaque loi ne peut engager que les personnes soumises à son autorité ».

Cette thèse est fort séduisante ; elle donne au raisonnement une fermeté entraînante. Mais, outre qu'elle est singulièrement restrictive, elle assimile la dette d'aliments à une dette ordinaire, supposant un concours de volontés, auquel suppléerait ici le législateur. Tel ne nous paraît pas être le caractère de cette obligation. Elle résulte exclusivement de la parenté, dont elle constitue une charge, comme la vocation héréditaire en représente l'avantage ; elle se trouve placée tout à fait en dehors de l'autonomie des intéressés au même titre que l'obligation d'élever ses enfants. Si large que soit l'écart, il s'agit toujours de l'accomplissement d'un devoir familial, et ce devoir ne peut dépendre que du statut personnel régissant impérativement les parties. Dans l'espèce, un choix s'impose entre la loi du créancier et la loi du débiteur.

La préférence en faveur de la loi du créancier a été défendue avec autorité(2). Entre lois égales, ne convient-il pas de choisir la loi de celui dans l'intérêt duquel la dette alimentaire existe?

Avec l'opinion la plus répandue (3), nous pensons qu'il faut

(1) Surville et Arthuys, n° 329, p. 407.

(2) Weiss, t. III, p. 517; Durand, p. 369; de Folleville, *Naturalisation*, p. 661; Laurent, t. V, n° 90; Trib. civ. Seine, 14 août 1869, *J. dr. int. pr.*, 1874, p. 45; Cour suprême Vienne, 13 mars 1883, *J. dr. int. pr.*, 1888, p. 410; Cass. Turin, 10 mars 1905, *Rivista di diritto internazionale*, 1907, p. 115.

(3) Renault, *Revue critique*, 1883, p. 60; Olivi, *Revue dr. int.*, 1885, p. 60; Chrétien, *J. dr. int. pr.*, 1889, p. 162; Audinet, n° 561, p. 450; Albéric Rolin, t. II, p. 100; Alger, 16 février 1882, *Droit* du 5 août; Trib. civ. Pontoise, 15 mai 1895, *Pand. fr. pér.*, 95, V, 40; Cour de circuit de New-York, 23 février 1873, *J. dr. int. pr.*, 1874, p. 45; Cass. Rome, 22 avril 1887, *La Legge,* II, p. 76; Trib. civ. Anvers, 8 novembre 1900, *J. dr. int. pr.*, 1903, p. 408;

se référer à la loi du débiteur. L'intérêt de ce dernier est bien, en effet, également respectable. L'opinion contraire procède surtout du désir d'assurer l'extension de l'obligation alimentaire, que l'on considère comme relevant de l'ordre public, et pouvant même être à ce titre invoquée par les étrangers dans les termes de la loi territoriale[1]. Mais, ce nouvel élément, qui, lui-même, est sujet à controverse, ne suffit pas à élucider le problème. Malgré les explications les plus ingénieuses, il semble fort difficile de faire retomber sur une personne une dette de parenté, que ne reconnaît pas sa propre législation. Celle-ci seule a compétence pour mesurer l'étendue des obligations familiales, sans que le débiteur puisse en critiquer la rigueur, puisque sa situation n'est pas autre, en droit international, qu'en droit interne.

C'est au moment où se produit le fait générateur de l'obligation que se précise la loi applicable; peu importent les changements ultérieurs de nationalité. De la nature des choses, résulte ici une différence essentielle entre parents et alliés. A l'égard des parents, la dette d'aliments remonte à l'époque même de la naissance; elle existe virtuellement sous la réalisation d'une circonstance éventuelle, le besoin du demandeur. A l'égard des alliés, elle ne date que du jour où ils acquièrent cette qualité par le mariage [2]. Les époux, dont l'union est soumise à l'empire d'un droit unique, peuvent avoir des charges d'assistance différentes. Ainsi la jeune fille française, qui épouse un citoyen de New-York, reste obligée de subvenir aux besoins de ses parents; le mari n'est, personnellement, soumis à aucun engagement : il est seulement tenu de laisser à la disposition de sa femme, sur les biens qui lui sont propres, les sommes nécessaires pour remplir le devoir qui lui incombe. En l'épousant, il la prenait avec toutes ses obligations familiales, qu'un changement de nationalité n'a pu modifier.

Ces principes sont généraux, et s'étendent à toutes les dettes d'aliments. Le conjoint survivant doit les observer, lorsqu'il demande l'application du nouvel article 205 du Code civil, ou des règles analogues des législations étrangères. Tout autre serait sa

Trib. sup. Vienne, 1er mars 1905, cette *Revue*, *infrà*, *Jurisprudence*, v° *Autriche*; Cour suprême Autriche, 20 juin 1906, cette *Revue*, *infrà*, *ibid.* — Conf. C. civ. japonais, art. 21; Loi fédérale suisse, art. 9, § 2.

(1) Voy. notamment Cass. req., 22 juillet 1903, S. 1909. 1. 373 et la note.

(2) V. Trib. civ. Pontoise, 15 mai 1895, précité (considérants intéressants).

situation s'il réclamait un droit, même en usufruit, sur les biens héréditaires; la reconnaissance de ses prétentions dépendrait alors de la loi appelée à régir la dévolution de la succession. D'où la nécessité de caractériser exactement la nature des avantages en question.

Dans le même ordre d'idées, la filiation naturelle soulève un problème très délicat. Un groupe de législations, de plus en plus important, restreint les effets de la recherche de la paternité aux frais d'entretien de l'enfant : il n'est dû que des prestations pécuniaires et jusqu'à une époque déterminée [1]. En cas de conflit, quelle loi appliquer? Trois solutions semblent possibles.

a) D'abord, la recherche de la paternité peut être considérée comme présentant un caractère pénal, dont l'objet est la réparation d'un délit ou d'un quasi-délit civil. C'est alors aux principes suivis en matière d'obligations illicites, qu'il convient de demander la solution. Tel est, dans un cas analogue, le sort de l'action en dommages-intérêts, que la jurisprudence française reconnaît à la fille, victime d'une séduction frauduleuse.

b) Les lois récentes s'inspirent d'une conception différente. Elles assignent, pour fondement à la demande, le fait même de la filiation ; quiconque procrée un enfant, se trouve tenu de le nourrir et de l'élever. Il s'agit en réalité d'une dette d'aliments au sens large du mot, et, comme de juste, le débat reparaît entre la loi du créancier : l'enfant ou la mère, selon l'attribution légale de l'action, et la loi du débiteur : le prétendu père. Le même motif nous fait donner la préférence à cette dernière loi. Encore plus dans cette situation que dans toute autre, il nous semble impossible qu'un homme se trouve tenu de charges, que ne lui impose pas son statut personnel. L'opinion contraire peut, il est vrai, invoquer l'autorité du droit allemand. Mais l'exemple n'est pas autrement décisif; car si les étrangers demeurent exposés au risque d'une responsabilité inconnue de la loi de leur pays, les limites du Code allemand ne peuvent jamais être dépassées, ce qui met les nationaux à l'abri de toute surprise [2].

***

(1) Voy. notre communication à la Société de législation comparée : *La condition juridique des enfants naturels dans les nouvelles législations de la Suisse, de la Principauté de Monaco et de la Belgique, Bulletin*, 1910, p. 79 et s.

(2) « Le devoir d'assistance du père envers l'enfant naturel, et l'obligation qui lui incombe de subvenir aux besoins de la mère et de supporter intégralement les frais résultant pour celle-ci de la grossesse et de l'accouchement, sont régis par la loi de l'État auquel appartenait la mère au moment de la délivrance ;

Quelle que soit la loi préférée, loi des demandeurs ou loi des défendeurs, il est admis qu'elle n'a pas seulement qualité pour déterminer l'étendue des droits, mais qu'il lui appartient aussi de fixer les conditions auxquelles ils peuvent s'exercer [1]. C'est elle qui établit les délais, et qui désigne les personnes investies de l'action; c'est à elle encore que revient le soin d'établir les fins de non recevoir. C'est ainsi qu'en Allemagne, indépendamment des autres moyens de défense, l'infidélité de la mère au temps légal de la conception, la célèbre *exceptio plurium concubentium*, doit assurer la mise hors de cause du défendeur.

c) On pourrait enfin — bien que ce point de vue paraisse encore peu répandu — rechercher s'il ne s'agit pas d'une véritable action d'état, dont les effets se trouvent, simplement, réduits au minimum. Si cette conception était suivie, il deviendrait rationnel de traiter la recherche de la paternité même restreinte à l'éducation de l'enfant tout comme la recherche de la paternité suivie aux fins d'état civil.

C'est à l'aide de ces distinctions que les conflits de lois semblent pouvoir être résolus. Il est très probable que devant les tribunaux français le débat continuera à demeurer théorique, la question préalable de l'ordre public — d'ailleurs abusivement — le faisant écarter, et cela tant qu'un changement de législation n'aura pas eu lieu.

Bien qu'il ne s'agisse plus d'une dette d'aliments, les mêmes solutions sont applicables aux obligations des parents envers leurs enfants. Notre droit ne consacre aucun devoir légal d'établissement par mariage ou autrement. Certains Codes étrangers se montrent plus généreux : tel le Code civil autrichien, qui permet à la fille d'exiger une constitution de dot. Une action de ce chef sera parfaitement recevable de la part d'une Française contre son père autrichien, même s'il a cessé d'être Autrichien, car une naturalisation ne peut porter atteinte à des droits acquis au moment de la naissance [2].

---

l'action dirigée contre le père doit être, néanmoins, renfermée dans les limites fixées par la loi allemande et ne saurait entraîner des réparations supérieures à celles que cette loi elle-même a prévues ». Art. 21 de la loi d'introduction au Code civil. — Dans le même sens, projet suisse, art. 1761.

(1) Keidel, *loc. cit.*, p. 260.

(2) Comp. Weiss, t. III, p. 512; Despagnet-de Bœck, n. 258, p. 753.

VIII. — **Conclusion.**

Au terme de cette étude, la meilleure conclusion nous paraît être de dresser le tableau des règles déduites du principe général, que nous avons admis. Mieux que tout autre, ce procédé permettra sans effort d'en vérifier la concordance.

I. — Les droits et les devoirs entre époux sont régis par la loi personnelle du mari au moment du mariage.

La même loi détermine les causes de divorce et de séparation de corps.

II. — Les rapports de paternité et de filiation légitimes dépendent de la loi personnelle du père au moment de la naissance, ou même de la conception.

III. — En matière de filiation naturelle, le rapport de paternité dépend de la loi personnelle du père, le rapport de maternité de la loi personnelle de la mère. Ils restent indépendants l'un de l'autre, et se déterminent en principe au moment de la naissance.

La même règle est applicable à la reconnaissance volontaire et aux actions en recherche de la paternité aux fins d'état civil ou de la maternité.

Les parents peuvent reconnaître leur enfant naturel, et les actions en recherche de la paternité ou de la maternité peuvent être intentées contre eux, même lorsque la loi personnelle de l'enfant n'admet pas la constatation légale de la parenté naturelle.

IV. — La légitimation par mariage subséquent est régie par la loi personnelle du père au moment du mariage. Elle s'effectue même quand la loi personnelle de l'enfant ne l'admet pas.

La légitimation par décision de l'autorité est régie par la loi personnelle du père. Elle est possible, même lorsque le père et l'enfant appartiennent à deux États différents, même lorsque la loi personnelle de l'enfant ignore cette institution.

V. — Les conditions essentielles de l'adoption, de même que ses effets, dépendent de la loi personnelle de l'adoptant; toutefois les rapports de l'adopté avec sa famille naturelle demeurent gouvernés par sa loi personnelle. L'adopté peut appartenir à un État qui ignore l'adoption.

VI. — La puissance paternelle est régie par la loi personnelle de l'enfant.

VII. — La tutelle est régie par la loi personnelle du mineur. Toutefois les causes d'excuse et de décharge dépendent de la loi personnelle du tuteur.

VIII. — L'émancipation, et la curatelle qui en résulte, sont régies par la loi personnelle du mineur.

IX. — La tutelle officieuse est régie par la loi personnelle du tuteur en ce qui concerne le règlement de ses conditions et la détermination des engagements du tuteur, par la loi personnelle de l'enfant en ce qui concerne l'étendue des pouvoirs auxquels il se trouve soumis.

X. — L'interdiction et la dation d'un conseil judiciaire sont régies par la loi personnelle de ceux qui s'y trouvent soumis.

XI. — L'obligation alimentaire dépend de la loi personnelle du débiteur. La même règle est applicable aux autres devoirs de parenté.

TABLE DES MATIÈRES

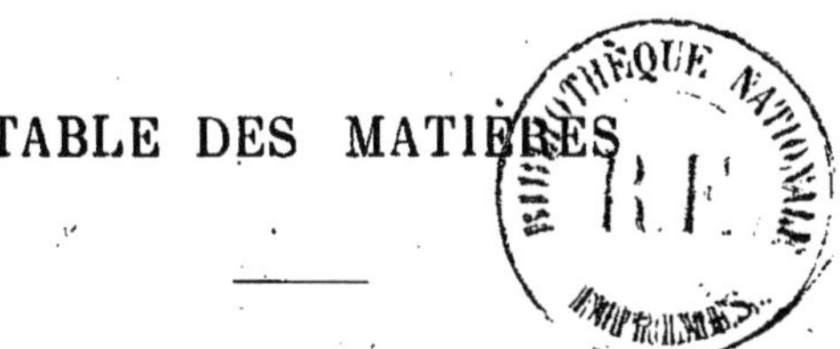

Pages.

I. — Principe général.. 1

II. — Le mariage et le divorce............................... 9

III. — La filiation... 13

IV. — L'adoption.. 26

V. — La puissance paternelle et la tutelle.................. 30

VI. — L'interdiction et le conseil judiciaire................. 39

VII. — L'obligation alimentaire et les devoirs de parenté............. 39

CONCLUSION... 44

BAR-LE-DUC. — IMPRIMERIE CONTANT-LAGUERRE.

IMPRIMERIE
CONTANT-LAGUERRE
BAR-LE-DUC

www.ingramcontent.com/pod-product-compliance
Ingram Content Group UK Ltd.
Pitfield, Milton Keynes, MK11 3LW, UK
UKHW020955120726
13693UKWH00004B/1707